ACA
ART CRITICS AWARD

Ein Lesebuch zur Kunstkritik
anlässlich der ersten Vergabe des Art Critics Award
in Kooperation mit dem Kunstmagazin frieze

herausgegeben von
Lioba Reddeker

ACA
ART CRITICS AWARD

# lesebuch

## Inhaltsverzeichnis

# 100+10+100=1x ACA

## Anmerkungen zu einem launigen und notwendigen Lesebuch zur Kunstkritik

Es mag erstaunen, dass es in Österreich bisher noch keinen Preis für Kunstkritik gegeben hat und als ebenso erstaunlich könnte es angesehen werden, dass eine solche Initiative nun von Künstlern ins Leben gerufen wurde. Auf jeden Fall: im April 2007 wird nun erstmals in Kooperation der Vereine Kunstwerft und basis wien ein Kunstkritikpreis in Österreich vergeben.

Es gibt, wie wir wissen, bereits einige Preise zur Kunstkritik, wie zum Beispiel jenen im deutschsprachigen Raum inzwischen prominenten des AdKV (Arbeitsgemeinschaft deutscher Kunstvereine) gemeinsam mit der Art Cologne[1]. In der AICA, dem internationalen Verband der KunstkritikerInnen mit seinen verschiedenen nationalen Sektionen, wird zum Beispiel in Großbritannien der Bernard Denvir Award[2] für eine hervorragende Ausstellungs-/Kunstrezension verliehen. Die deutsche Sektion der KunstkritikerInnenvereinigung fokusiert hingegen nicht direkt den eigenen Berufsstand, sondern vergibt seit 2004 jährlich einen Preis für das >Museum des Jahres<.

Solcherart Preise tragen der Tatsache Rechnung, dass Kunst kein reines Produkt künstlerischen Schaffens ist, sondern in einem arbeitsteiligen Feld produziert wird, in dem die ProduzentInnen, die Institutionen, die VermittlerInnen, das Publikum und auch die kritische Reflexion konstitutive Elemente darstellen. Pointiert formuliert und Oscar Wilde zitierend könnte das Verhältnis von Produktion und (kritischer) Rezeption so beschrieben werden: „Einen dreibändigen Roman kann jeder schreiben. Dazu braucht man weder etwas vom Leben noch von der Literatur zu wissen“, aber, so fährt Wilde fort „Es ist bei weitem schwerer, über etwas zu reden, als etwas zu tun. [...] Denn der kritische Geist ist es, der neue Formen schafft. [...] Jede neu auftauchende Schule flucht der Kritik; aber ihr Dasein verdankt sie dem kritischen Geiste. Bloße schaffende Kraft erneuert nicht, sondern wiederholt.“[3]

Besonders in den 1990er Jahren, gut 100 Jahre nach Oscar Wilde, wurde diese Diskussion vehement von künstlerischer Seite aus geführt, die Stichworte dazu waren „institutional critique“ oder „Betriebssystem Kunst“. Gute 10 Jahre später befinden wir uns in einer Situation, die – polemisch überzeichnet – den Argumenten des Dialog zwischen Gilbert und Ernest, aus dem die obigen Zitate stammen, unerwartete Aktualität verschafft. Positiv anzumerken ist jedoch, dass auf institutioneller Ebene durchaus eine qualitative Veränderung stattgefunden hat, die sich in der im Folgenden umrissenen Vorgeschichte zu diesem Preis ablesen lässt.

Moussa Kone gehörte zu den ersten Jahrgängen an der „Angewandten“ in Wien, die ihr Diplom 2003 nur dann erhielten, wenn eine entsprechend theoretische, diskursive Erläuterung das Kunstwerk begleitete. So besuchte der angehende Künstler im Sommersemester 2003 Christian Demands Seminar zur „Kritik der Kunstkritik“. Das ist die Geburtsstunde des ACA, für den es aber noch eine Weile dauern sollte, bis er als Baby „mit allem Drum und Dran“ seinen Platz findet, da sich die Implementierung dieser Idee in den Kunstbetrieb doch als schwieriger als erwartet darstellte. Die unmittelbar zu adressierenden AnsprechpartnerInnen oder Verantwortliche in der Kulturadministration ließen den künstlerischen Elan mit Zögern oder gar Ignoranz zunächst mannigfach ins Leere gehen.

Einige Jahre nach der auslösenden Diplomaufgabe trafen Moussa Kone, seine ACA Idee und die basis wien aufeinander; dies geschah anlässlich der Neuauflage der basisthema-Publikation *Pressearbeit in der bildenden Kunst*[4], einem Handbuch zur Öffentlichkeitsarbeit in der aktuellen Kunst, für das Moussa Kone um ein Statement zum Thema Kunstproduktion, Öffentlichkeitsarbeit und Rezeption gebeten worden war. So lernten wir Kones Serie von Zeichnungen kennen, die sich schon länger dem Thema des Verhältnisses Künstler - Kritiker widmeten. Nun gab es sehr rasch den Willen zur öffentlichkeitswirksamen Thematisierung dieser Materie, eine Struktur und den notwendigen institutionellen Hintergrund.

Die basis wien ist ein Dokumentationszentrum für zeitgenössische Kunst in und aus Österreich, das 2007 seinen zehnten Geburtstag feiert und den erstmaligen Kunstkritikpreis nicht zuletzt, neben der Entwicklung einer neuen Datenbank, als wichtigstes Projekt des Jahres „zelebriert“[5]. Dabei folgt der Verein mit der Fokussierung des Themas der eigenen institutionellen Tradition. 1997/98, in meiner Funktion als Bundeskuratorin, wurden u.a. Stipendien für KunstkritikerInnen vergeben, um angehenden Fachleuten Erfahrungs- und Profilierungsmöglichkeiten zu verschaffen. Vor allem aber war und ist das Schreiben über Kunst für die Datenbankarbeit ein zentrales Element. Im Verzeichnen und Erschließen von Ausstellungen oder künstlerischer Praxis allgemein nehmen naturgemäß Texte zu ebendiesen Themen einen wesentlichen Stellenwert ein. Auch stehen die Kritikerin, der Kritiker in der Struktur der auf Personen, Ausstellungen und Objekte fokussierenden Datenbankarbeit von Anfang an gleichberechtigt neben den KünstlerInnen.

Über die rhizomatische Verlinkung aller Fakten und Informationen in der Datenbank erhalten auch Rezensionen und deren AutorInnen eine vehemente Relevanz: Eine digital archivierte und erschlossene Ausstellungsbesprechung „hievt“ diesen Artikel gleich an mehrere Orte: auf die Site (je)des erwähnten Künstlers, der Ausstellung und auf jene des Autors/der Autorin. So entstehen im digitalen Archiv mit der Zeit „Biografien“, bestehend maßgeblich aus Bild-/Textsammlungen aller im arbeitsteiligen Kunstfeld involvierten AkteurInnen. Von der kuratorischen Tätigkeit über jene der KunstproduzentInnen bis hin zu Pressetexten und den Besprechungen in Tages- und Fachmedien bilden diese (zunächst vor allem temporär verfügbaren) Veröffentlichungen die Grundlage der Darstellung von Netzwerken der Kunst, deren Sichtbarmachung und langfristigen Archivierung, der sich die basis wien verschrieben hat.

Am treffendsten lässt es sich wohl einen glücklichen Zufall bezeichnen, dass im Spätsommer 2006, anlässlich der 100. Nummer, das Londoner Magazins *frieze* eine Ausgabe mit Diskussionen, Reflexionen, Interviews und vielen spannenden Features mehr zum Thema Kunstkritik herausbrachte. Durch diese Konstellation des initialen künstlerischen Projektes von Moussa Kone, zusammen mit der langjährigen strukturbildenden Arbeit der basis wien und der aktuell veröffentlichten, selbstkritischen Reflexion aus dem Feld der Kunstkritik selbst, entstand dieses Lesebuch als diskursive Begeleitung zum Kunstkritikpreis ACA.

Dankenswerterweise war das *frieze* Team mit dem basis wien Vorhaben einverstanden, die nur englisch publizierten Artikel ins Deutsche zu übersetzen und, begleitet von einigen eigenen Texten, als ACA Lesebuch herauszugeben. Wir halten es für besonders lesenswert, da die AutorInnen einige aus der unmittelbaren Praxis stammende und inhaltlich umfassende Recherchen, Diskussionen und Gespräche zusammengestellt haben, Ein zweiter wichtiger Beweggrund ist die Vorgangsweise der *frieze* Redaktion, nicht ausschließlich die Äußerungen von KritikerInnen zur Kritik zu fokussieren, sondern zahlreiche KünstlerInnen zu Wort kommen zu lassen.

Der Art Critics Award – ein von Künstlern initiierter Preis – verweist in besonderer Form auf ein soziologisches Faktum: Preise, vergeben von Jurys oder Gremien, sind funktionale Elemente in einem gesellschaftlichen Teilfeld (wie hier der Kunstkritik), die dazu dienen, das Feld auszudifferenzieren, Kriterien und Maßstäbe zu diskutieren, zur Anwendung zu bringen und erneut kritisch zu reflektieren. Die alte und die neue Unübersichtlichkeit, die momentan ein Grundton unserer gesellschaftlichen Verfasstheit ist, bedingt im Idealfall eine neue Form von Gegenseitigkeit, die aber nicht mehr jene der Komplizenschaft sein muss.

In Zeiten eines scheinbar kaum noch einzudämmenden Malereibooms, vor dem Hintergrund des Revivals eines KünstlerInnenbildes, das mancher von uns als anachronistisch bezeichnete oder für überwunden hielt, scheinen mir derartige, im Kunstfeld produktiv solidarische Aktivitäten, die trotzdem nicht den kritischen oder gar rebellischen Geist vermissen lassen, geradezu überlebensnotwendig.

In unseren Augen wäre schon viel gewonnen, wenn mit diesem Preis eine frische Wahrnehmung für das Berufsfeld der Kunstkritik, Neugier für diskursive Einsätze in der aktuellen Kunst und eine offene, freimütige Diskussion zwischen Personen der Produktion und jenen der kritischen Rezeption ermöglicht würden.

*Lioba Reddeker, im April 2007*

1 Der AdKV Preis wird 2007 am 19. April während der Art Cologne an Ludwig Seyfahrt verliehen.

2 Aus der Pressemitteilung der britischen AICA 2006: "Charles Pickstone is the 2006 winner of the Bernard Denvir AICA Memorial Award for Art Critics, with his review of the sculpture of Victoria Rance in *Image* issue 48, Dec. 21st 2005"

3 Stünke, Hein: Schriften zur Kunsttheorie II. Oscar Wilde. Kritik als Kunst. Deutsch von Felix Paul Greve. Berlin: Alexander Verlag 1987

4 01.1 basisthema - Pressearbeit in der bildenden Kunst. Grundlagen und Tipps für den erfolgreichen Umgang mit den Medien in Österreich. Hrsg. von Lioba Reddeker, 2006. ISBN 3-9500831-7-0

5 Derzeit ist geplant, den Preis alle ein bis zwei Jahre zu vergeben, wobei Struktur und Bewertungsverfahren flexibel gehalten werden sollen.

# Chronologie und Fakten zum Art Critics Award

**März – Juli 2003** Christian Demands Seminar „Kritik der Kunstkritik“ an der Universität für Angewandte Kunst, Wien. Moussa Kone besucht das Seminar, da der neue Studienplan für bildende Kunst neben der künstlerischen Arbeit für das Diplom auch eine „wissenschaftliche Erläuterung“ verlangt.
**Juni 2003** Diplom Moussa Kone. Es entsteht die Idee zu einem Kunstkritikpreis in Österreich. Der Verein Kunstwerft versucht, Partner für das Projekt zu akquirieren. Es werden unterschiedliche Fachleute und Institutionen kontaktiert, die für eine Kooperation in Frage kommen, allerdings ohne Erfolg.
**März – Juni 2004** Moussa Kone besucht nach den Diplom das zweite Seminar bei Christian Demand zum Thema „Schreiben über Kunst“.
**2005/06** die basis wien bereitet die Neuauflage des 1998 erstmals erschienenen *0.1 basisthema zur Pressearbeit in der bildenden Kunst* vor. Die Redakteurin Andrea Winklbauer lädt Kone zu einem Statement zum Verhältnis Künstler-Kritiker ein.
**Januar 2006** erstes Treffen Moussa Kone und Lioba Reddeker. Beginn der Planung zur Zusammenarbeit der Vereine Kunstwerft und basis wien zur Durchführung des ACA – Art Critics Award.
**Februar – Juli 2006** Bildung der Projektgruppe ACA, Diskussionen um inhaltliche Fokussierung, Struktur und Juryzusammensetzung.
**August/September 2006** Erscheinen der No 100 des *frieze* Magazin mit Texten und Diskussionen zur aktuellen Situation und historischen Aspekten der Kunstkritik.
**09.10.2006** erste ACA Pressekonferenz anlässlich der Bekanntgabe des Preises und des Vergabemodus sowie des Auftritts des Berliner Art Critic Orchestra zur Preisverleihung. Die Pressekonferenz, veranstaltet von basis wien und Kunstwerft, fand in der Werftgalerie, Zieglergasse 40, im 7. Wiener Gemeindebezirk statt.
**15.11.2006** Aussendung zur der Bekanntgabe des ersten Art Critics Award 2007 an Institutionen und Ausschreibung des Junior Art Critics Award.

**Oktober – Dezember 2006**
**Medienbeobachtung** als Grundlage der Vergabe des ACA durch das Dokumentationsteam der basis wien. Für die Medienbeobachtung wurden jene Medien ausgewählt, die Ausstellungsbesprechungen zeitgenössischer bildender Kunst enthalten. Der Beobachtungsradius bewegt sich über Österreich hinaus, etwa bei Medien, in denen österreichische AutorInnen Kritiken publizieren.
**Fachmagazine** (alphab.): Art, Artinvestor, An.schläge, Bild.punkt, Bob, Camera Austria, Cream, Datum, Derive, Du, Eikon, Fiber, Fleisch, Frame, Kultur. Zeitschrift für Kultur und Gesellschaft, Kulturrisse, Kunstbulletin, Kunstforum, Kunstzeitung, Kupf, Malmoe, Monopol, Morgen Kultur

Niederösterreich, Parkett, Parnass, Praesens, Quart. Heft für Kultur Tirol, Skug, Sleek, Spike, Springerin, Star, Texte zur Kunst, Vernissage, Wespennest, Zeitschrift
Tageszeitungen (alphab.): Kleine Zeitung, Kronenzeitung, Kurier, Neue Kärntner Tageszeitung, OÖ Nachrichten, Österreich, Die Presse, Salzburger Nachrichten, Der Standard, Tiroler Tageszeitung, Vorarlberger Nachrichten, Wiener Zeitung, Wirtschaftsblatt,
Wochenzeitungen (alphab.): City, Copy, Falter Wien, Falter Graz, Die Furche, Format, Profil
Online: artmagazine.cc, Kunstmarkt.com, diestandard.at, derstandard.at

Die Medienbeobachtung im Hinblick auf Ausstellungsbesprechungen zeitgenössischer bildender Kunst ergab folgende quantitative Ergebnisse: 38 Fachmagazine, 13 Tageszeitungen, 7 Wochenzeitungen, 4 Online Magazine. Darin wurden 356 Ausstellungsrezensionen gefunden, die von 101 AutorInnen (60 Frauen / 41 Männer) verfasst wurden. In den 13 österreichischen Tageszeitungen befanden sich 157 Ausstellungsbesprechungen, in den 38 Fachmagazinen 138 Ausstellungsbesprechungen, in den sieben Wochenzeitungen, 30 Ausstellungsbesprechungen. Bei den AutorInnen und den unterschiedlichen Medientypen gab es auch Überschneidungen. 35 AutorInnen schrieben in 13 Tageszeitungen, drei davon auch in Fachmedien. 66 AutorInnen schrieben in 38 Fachmagazinen, fünf davon in zwei und weitere vier in drei verschiedenen Magazinen. Sieben AutorInnen schrieben für sieben Wochenzeitungen, drei von ihnen auch in Fachmagazinen und eine/r weiters in einer Tageszeitung.

23.11.2006: Bekanntgabe der Jury des ACA mit KünstlerInnen aus Österreich, Deutschland und der Schweiz: Thomas Baumann (A), Matthias Herrmann (A), Anna Jermolaewa (A), Constanze Ruhm (A), Markus Schwander (CH), Andrea van der Straeten (A) und Silke Wagner (D).
15.12.2006 Diskussion zu Richtlinien und Verfahrensweisen des ACA unter Teilnahme von Jurymitgliedern, MedienvertreterInnen und dem basis wien Projektteam in der basis wien, vor allem zur Ermittlung eines Kriterienkataloges zur Bewertung der Kunstkritiken.
31.12.2006 Ende der Ausschreibungsfrist für den Junior Art Critics Award. 31 Bewerbungen wurden eingereicht.
31.03.2007 Jurysitzung in der basis wien. Die gesammelten Ausstellungsbesprechungen wurden der siebenköpfigen KünstlerInnenjury anonymisiert vorgelegt. Auf Grundlage dieser Materialien trafen die JurorInnen jede/r für sich eine engere Auswahl, aus denen in der Jurysitzung die favorisierten Texte diskutiert und die SigerInnen ermittelt wurden.
17.04.2007 Presseaussendung mit Bekanntgabe der Senior Art Critics Award PreisträgerInnen Matthias Dusini und Brigitte Borchhardt-Birbaumer und des Junior Art Critics Award Preisträgers Rolf Wienkötter
28.04.2007 Preisverleihung im fluc am Praterstern in Wien, unter Mitwirkung des Art Critic Orchestra. Laudator: Martin Prinzhorn. Das ACA Lesebuch erscheint.

# Dialog

**ERNEST** Denn die schöpferische Kraft steht über der kritischen. Man kann sie eigentlich gar nicht vergleichen.

**GILBERT** Der Gegensatz zwischen beiden ist ganz willkürlich. Es gibt gar kein künstlerisches Schaffen, das den Namen verdiente, ohne kritische Tätigkeit.

*Moussa und Erwin steigen die Treppen im Museumsquartier hoch zum Café Leopold.*

**ERWIN** Wobei die kritische Tätigkeit eine Formulierung in der Sprache braucht. Sie muss sich selbst vermitteln. Sie braucht ein Medium, während das Kunstwerk selbst eines ist. *(Erwin gerät außer Atem).*

**MOUSSA** Als Künstler stellt man sich doch schon während der Produktion den Kategorien der Kritik. Damit meine ich Kritik nicht als äußeres Verhältnis, das mit der Veröffentlichung eines Werkes einhergeht und vom Publikum formuliert wird. Vielmehr ist Kritik schon von vornherein im Werk enthalten und zeigt sich danach demjenigen, der sich auf ihre Spur begibt.

**ERWIN** Oder dem, der sich durch sie profilieren will. Ist die Kunstkritik ein journalistisches Genre? Oder müssen wir da von Kulturberichterstattung sprechen? Kommen wir zurück darauf, dass Kunst gar nicht möglich ist, ohne sie mit der Sprache zu thematisieren. Es stellt sich vielmehr die Frage, was man alles thematisieren muss im Kontext der Kunst. Ist die Kunst weiterhin ein System außerhalb der Gesellschaft, das in der Gesellschaft thematisiert wird?

*Ein Kurator, den beide kennen, kommt entgegen, man grüßt sich kurz mit einem Kopfnicken.*

**MOUSSA** und **ERWIN** *gleichzeitig*: Hast Du seinen Verriss gelesen?

**MOUSSA** Ja. Aber er wurde dazu gezwungen, diese Künstler in die Ausstellung zu nehmen. Die Werke von denen gehen weg wie warme Semmeln, die sind auf jeder Messe. Für so eine Institution war es aber vielleicht ein bisschen zu früh. Du weißt ja, seine Frau hat diese Galerie...

**ERWIN** Besser ein Verriss als gar keine Reaktion. Ignoriert werden ist noch schlimmer. Es gibt keine schlechte Presse.

**MOUSSA** Ich habe gehört, dass es eine Statistik gibt, die monografische Artikel in Kunstmagazinen direkt mit der Karriere eines Künstlers in Verbindung bringt. Ähnlich wie der Science Citation Index bei den Wissenschaftspublikationen.

**ERWIN** Ach ja. Ich glaube, dass die Hauptaufgabe der Kunstkritik heute das Vermitteln ist. Zumindest die selbst gewählte. Und das Thematisieren des Kontexts der Kunst. Das ist schon mehr eine journalistische als eine künstlerische Arbeit.

**MOUSSA** Das erinnert mich an diese Wehmut, mit der sich Kunstkommentatoren auf Symposien treffen, um sich des Wegfallens ihrer alten Rollen zu besinnen. Künstler und mit ihnen die Institutionen verschaffen sich heute ihre Gültigkeitserklärungen selbst, ohne auf das Urteil eines Sachverständigen angewiesen zu sein. Sogar an den Kunstuniversitäten werden junge Künstler schon im Verfassen von Texten ausgebildet und die Beisteuerung einer sprachlichen Erläuterung zur künstlerischen Arbeit ist selbstverständlich geworden.

*Die beiden setzen sich in ein Café und schauen sich lang in den Speisekarten um, bestellen Getränke und sprechen eine Zeit lang nichts. Erwin sieht eine Zeitschrift neben sich auf dem Sessel und blättert diese von hinten durch. Moussa blickt in die Luft.*

**ERWIN** Ein Kunstmagazin würde ich nicht von hinten durchblättern, du vielleicht? Aber jede andere Zeitschrift schon. Vielleicht hängt die Wehmut mit dem Respekt zusammen. Ich glaube, ich habe sogar vor Dir zuviel Respekt, und Du bist Künstler. Ich fürchte, ich habe vor dem Kritiker noch mehr Respekt. Und warum eigentlich? Das ist ein übles Rollenklischee. *(Moussa grinst)* Was ist so witzig, Moussa?

**MOUSSA** Du hast Respekt vor Kunstzeitschriften? Gerade du als Schriftsteller! Da dachte ich doch noch gerade daran, dass du im Umgang mit Text, als literarisch bewanderter Mensch, das ganze mit der nötigen Distanz betrachtest. Du wärst doch wie geschaffen dafür, selbst über Kunst zu schreiben, oder?

**ERNEST** Du bist unverbesserlich. Aber im Ernst gesprochen, wozu nützt die Kunstkritik? Warum kann man nicht den Künstler sich selbst überlassen, wenn er will, eine neue Welt zu schaffen, oder wenn nicht, die schon bekannte Welt abspiegeln? Ich denke, wir wären ihrer längst müde, wenn nicht die Kunst sie mit ihrem feinen Sinn für Auswahl gleichsam für uns reinigte und auf Augenblicke vollkommen machte. Mir scheint, die Phantasie umkleidet sich mit Einsamkeit (wenigstens sollte sie es) und schafft am liebsten in Schweigen und Absonderung. Warum den Künstler mit dem lauten Geschrei der Kritik stören? Wie sollte es denen, die nicht schaffen können, anstehen, den Wert schöpferischer Arbeit abzuschätzen? Was können sie davon verstehen? Und ist eines Mannes Werk verständlich, so ist die Erklärung unnötig.

**GILBERT** Und ist sein Werk unverständlich, so ist es ruchlos, es zu erklären.

**ERWIN** Ich glaube, dass es unmöglich ist, alles zu deuten. Oder erkennst Du die Intention? Und wessen Intention, zuerst die des Künstlers, dann die des Kritikers. Da kommt so viel zusammen. Aber sprechen wir von etwas anderem.

*Im Hintergrund hört man das Lied „Losing my Religion“*

**MOUSSA** Nein, bleiben wir dabei. Es ist gerade spannend.

**ERNEST** Ich sollte meinen, dass große Künstler unbewusst arbeiten, dass sie „klüger sind, als sie ahnen“, wie Emerson einmal bemerkt, wenn ich mich recht erinnere.

**GILBERT** Das ist ein Irrtum, Ernest, wirklich! All die zarte Arbeit der Phantasie ist bewusst und gewollt. Kein Dichter singt, weil er singen muss, wenigstens kein großer Dichter. Ein großer Dichter dichtet, weil er es will. So ist es jetzt, so war es stets. Wir neigen mitunter zu dem Glauben, dass die Stimmen beim Sonnenauf-

ACA

gang aller Dichtung einfacher, frischer, natürlicher erklangen als heute, und dass die Welt, wie sie die ersten Dichter sahen und in der sie lebten, einen eigenen dichterischen Hauch hatte und beinahe unverändert in ihre Sänge übergehen konnte. Jetzt liegt tiefer Schnee auf dem Olympos, und seine steilen, zerrissenen Hänge sind düster und unfruchtbar; aber einst, so glaubten wir, streiften die Silberfüße der Musen duftigen Tau von den Blüten am Morgen, und des Abends kam Apollo und sang den Hirten im Tale. Doch da leihen wir nur entschwundenen Zeiten, was wir für uns ersehnen oder zu ersehnen vermeinen. Da geht unser historischer Sinn in die Irre. Jedes Jahrhundert, das Dichtung schafft, ist ein künstliches Jahrhundert, und was als das natürlichste und einfachste Gewächs einer Zeit erscheint, ist immer das Ergebnis bewussten Wollens. Glaube mir, Ernest, es gibt keine Kunst ohne Bewusstheit; Bewusstheit aber und der Geist der Kritik sind ein und dasselbe.

ERWIN Ich glaube, als Künstler muss man heute Öffentlichkeit bekommen, egal wie. Was denkst Du. “Good News, bad News”, egal wie. Zugänge legen zur Kunst. Ein Künstler, der nicht kommunizieren kann, sein Werk nicht selbst deuten kann, der ist ohnehin verloren.

MOUSSA Die Grenzen zwischen dem, was man allgemein als Kunst und Theorie bezeichnet, oder nennen wir es Produktion und Anwendung, sind durchlässig geworden. Während früher ein Bereich den anderen erst  komplimentierte, wird heute nicht mehr zwischen beiden unterschieden. Kritik erweitert die Regeln und Grenzen des Künstlers, er kann sich selbst autorisieren. Das System der Bewertung selbst ist wichtiger geworden, als etwas als gut oder schlecht zu beschreiben.

*Die beiden trinken aus, bezahlen, verlassen das Café, gehen durch das Museumsquartier. Erwin will in der Buchhandlung noch eine Zeitschrift kaufen. Kurz bevor sie aus dem Hof treten, stolpert Moussa über ein Kunstwerk im öffentlichen Raum.*

ERWIN Vorsicht, das haben sie gerade erst aufgebaut! Muss zur Ausstellung gehören. Die Beschriftung haben sie vergessen.

**MOUSSA** Auweh.

*Moussa geht weiter, dreht sich noch einmal um. Erwin folgt ihm in die Buchhandlung, wo Erwin ein Heft kauft, das er im Gehen durchblättert.*

**ERNEST** Du sprachst von der Kritik als einem wesentlichen Teil des schöpferischen Geistes, und ich stimme dir jetzt bei. Wie aber steht es mit der Kritik ohne die schaffende Kraft? Ich habe die dumme Gewohnheit, Zeitschriften zu lesen, und mir scheint, alle moderne Kritik ist gänzlich wertlos.

**GILBERT** Aber auch fast alles moderne Schaffen ist gänzlich wertlos. Mittelmäßigkeit hält der Mittelmäßigkeit die Waage; Ohnmacht klatscht ihrer Schwester Beifall: Dieses Schauspiel zeigt von Zeit zu Zeit unsere künstlerische Geschäftigkeit. Doch ich fühle, dieses Mal bin ich ein wenig ungerecht. Durchschnittlich haben sie viel mehr Kultur als die, deren Arbeiten sie besprechen müssen. Allerdings ist das ja von vornherein anzunehmen; denn die Kritik erfordert viel mehr Kultur als das Schaffen.

**ERWIN** Dann wären Kritiker die besseren Künstler? Aber für wen schreiben sie eigentlich? Im Grunde stehen sie oft genau so auf verlorenem Posten wie die Künstler.

**MOUSSA** Als Künstler produziert man ja für ein Publikum, bis auf wenige Ausnahmen beschränkt sich das auf die, nennen wir es mal so, Teilöffentlichkeit des Kunstumfeldes. Darunter bilden die Journalisten, die über Kunst berichten, das Fachpublikum. Überlege dir, wie viel an Aufopferungsbereitschaft hier verlangt wird und welche Leidenschaft für die Kunst dahinter steckt? Für wenig Geld setzen sich diese Journalisten in den Zug, besuchen ein Museum in einer fremden Stadt oder den Künstler im Atelier, recherchieren in Bibliotheken, gehen zu Vernissagen. Als Künstler hast du wenigstens noch die Hoffnung, aufgrund deiner Tätigkeit berühmt zu werden und spätestens in der Midlife-Crisis oder Career zu Geld zu kommen. Als Kritiker wirst du bestenfalls fix angestellt, bekommst eine Professur, einen Posten als Kurator. Was wird die Zeit überdauern? Der Künstler und sein Werk, allerdings geprägt von der Kritik, die das Werk im Nachhinein formt. Die beiden

ACA

bedingen einander, doch nur eine Seite davon nimmt man wahr. Deswegen hängt mein Herz so an der Kunstkritik.

ERWIN Es schaut wirklich so aus, als ob du Mitleid hättest.

*Erwin wird von dem vorbeilaufenden Moderator eines Privatsenders und seinem Kamerateam angerempelt und sein Kunstmagazin fällt in eine Wasserlache.*

MOUSSA Erwin, Vorsicht! *(Moussa gibt Erwin ein Taschentuch, doch das Magazin ist bereits völlig durchnässt und die Seiten kleben aneinander. Erwin steckt es in eine seiner Plastiktüten.)* Ich habe kein Mitleid. Mein Engagement in diesem Bereich ist ein Freundschaftsdienst, der gewissermaßen im Respekt begründet ist. Niemand hat ihn von mir verlangt, vielleicht wird er nicht mal gewünscht. Aber die Kritik wird mehr und mehr an den Rand gedrängt, vom Markt, der sie nicht mehr braucht. Oder von den großen Blockbustern, wo die wichtigen Medienvertreter auf ein nettes Wochenende eingeflogen werden und Society-Berichte den Platz des Feuilleton beanspruchen. Im Abseits bietet sich dem unabhängigen Schreiber nun die Chance, eine neue Position einzunehmen. Gerne hätte ich ihn näher an der Kunstproduktion, am Künstler. Schreiben zur Kunst wurde in ihrem Ursprung auch als eine künstlerische Tätigkeit verstanden, vielleicht kehrt sie nun wieder zu den Wurzeln zurück.

ERWIN Vielleicht habe ich Mitleid. Kannst Du Dich noch an Horaz erinnern, haben wir in Latein übersetzt. Seine Gedanken zum Nachruhm des Dichters beschäftigen mich heute noch. Die Werke müssen über den Tod fortbestehen. In der Rockmusik beginnt das Leben oft sogar erst nach dem Tod. Aber was ist mit dem Kritiker? Ich kenne keinen Kritiker, der zeitlosen Charakter hat. Aber vielleicht kommt das ja noch. Vielleicht kommt das Zeitalter der Kritiker erst. Oder es ist schon vorbei, und wir haben es nicht einmal bemerkt.

GILBERT Es ist schwer, gegen das, was man liebt, nicht ungerecht zu sein. (…) Was sagtest du doch?

ERNEST Ganz einfach: dass es in den besten Zeiten künstlerischer Kultur keine Kunstkritik gegeben hat.

ACA

**GILBERT** Ich glaube, die Bemerkung habe ich schon gehört, Ernest. Sie hat alle Lebenskraft eines Irrtums und alle Anhänglichkeit eines lästigen alten Freundes.

*Kurz darauf, Ausstellungseröffnung im Museumsquartier, man steht vor dem Wandtext.*

**ERWIN** Ich glaube, dass es zwei Arten von schlechten Texten gibt. Die im Affekt geschriebenen und die vergorenen, an denen zu lange gefeilt wurde. Das ist bei der Literatur nicht anders als in der Kunst. Ich muss dann immer an den ersten Spruch denken, den mir der Chefredakteur eines Wochenmagazins als wichtigste Weisheit mitgab: „Kill your darlings."

**MOUSSA** Interessant, dass an den Kunstunis jetzt auch schon uns Künstlern Kriterien beigebracht werden, wie Texte zu bewerten sind. Etwa im Genre der Ausstellungsrezension, um es einzugrenzen. Hier gibt es ja konkrete formale Richtlinien, die zum Handwerkszeug eines jeden Journalisten gehören, wie die W-Fragen zum Beispiel. Ein Grundgehalt an Informationen und ein gewisser Aufbau sind vorgegeben. Dann allerdings...

*Erwin nimmt sein nasses Heft wieder aus der Tasche*

**ERWIN** Schauen wir es uns gleich mal an.

*Die beiden entdecken einen Preview Artikel über die aktuelle Ausstellung, die soeben eröffnet wird.*

**MOUSSA** Hey, da sind wir ja soeben erst auf der Eröffnung. Wann ist das erschienen?

**ERWIN** Vor zwei Wochen.

**MOUSSA** Komisch, das liest sich irgendwie merkwürdig, fast wie ein Pressetext. Wo ist die Meinung des Autors? Das ist doch nur ein Bericht, aber sein Name steht drunter als Referenz. Wozu?

**ERWIN** Vielleicht eine bezahlte Geschichte.

*Moussa entdeckt eine Bekannte aus der Kunst-Szene, die im Gespräch mit einem Galeristen und einer Künstlerin ist. Sie sieht die beiden und reißt sich kurz los.*

**BEKANNTE** Hallo Erwin, hi Moussa. Ich dachte mir schon, dass ihr heute hier sein werdet auf der Eröffnung. Diese konzeptuellen Arbeiten hier sind doch ein bisschen sperrig, findet ihr nicht? Ich kann da wenig damit anfangen, da müsst ich mich erst einlesen. Eher irritierend. Aber die Fotografien da drüben gefallen mir, die sind sehr schön und einfach wunderbar gemacht.

*Nach einem kurzen Gespräch über persönliche Dinge sehen Moussa, Erwin und die Bekannte eine Gruppe von Kritikern, die in einem Kreis stehen und sich unterhalten.*

**ERWIN** Da sind ja einige wichtige Leute gekommen heute Abend. Alles Anwärter für unseren Kunstkritik Preis.

**MOUSSA** Ja, ich hätte ja gerne vorab selbst aussortiert, Lioba wollte das aber nicht. Nun hat die Jury wirklich das ganze Material bekommen, von allen einhundert Autoren, die über zeitgenössische Ausstellungen geschrieben haben. Alle im Rennen um den Hauptpreis, von der Tiroler Tageszeitung bis zum spike.

**ERWIN** *lächelnd* Ich glaube, die Eröffnungsrede beginnt.

*Erwin, Moussa und die Bekannte gehen ein paar Schritte nach vor, um die Rede zu hören. Die Kunstkritiker gehen, ohne den Kreis aufzulösen, in den anderen Raum, ohne ihr Gespräch zu unterbrechen.*

**BEKANNTE** Kennt ihr den? *(hebt ihre Augenbrauen dezent Richtung Eröffnungsredner)* Der spricht ganz gut, ist aber nur selten wo zu sehen. Hinter ihm steht der Künstler – der schaut aus wie George Clooney, findet ihr nicht?

*Moussa und Erwin schütteln den Kopf. Die Gruppe steht und lauscht weiter der Rede, bis diese zu Ende ist. Der Kreis der Kritiker löst sich im Nebenraum auf. Eine Kritikerin kommt auf Moussa, Erwin, die Bekannte zu. Sie schüttelt den Dreien die Hände und ein neuer Kreis bildet sich.*

**BEKANNTE** *zur Kunstkritikerin* Du wirst von den beiden hier seit längerem beobachtet. *(Grinst, hält ihr Glas etwas schief dabei.)*

ACA

**KUNSTKRITIKERIN** Ach ja? Muss ich mich jetzt fürchten? Nein, im Ernst, ich hab die Presseaussendung gelesen, 350 gesammelte Artikel von 100 Autoren sind ja eine ganze Menge, wer hätte das gedacht. Aber bezieht ihr euch bei der Bewertung eigentlich eher auf den Kritiker als Person oder auf das, was diese Person geschrieben hat?

**MOUSSA** Der Preis wird für einen Text und seine Qualität vergeben. Die Jury hat nur anonymisierte Kopien bekommen, weiß also nicht, wer die Kritiker sind.

**KUNSTKRITIKERIN** Und wie siehst du selbst das Schreiben zur Kunst? Könntest du über diese Ausstellung schreiben?

*Alle grinsen hämisch*

**ERWIN** *(mischt sich ein)* Kann man das überhaupt machen, ohne sich von diesem speziellen Ort und dieser Architektur leiten zu lassen?

**KUNSTKRITIKERIN** *(mittlerweile leicht beschwipst)* Aha, Kunst in der Galerie ist immer noch am Neutralsten.

**MOUSSA** Es geht ja nicht darum, als Künstler nun auch noch als Kritiker tätig sein zu wollen. Die klassische Rollenaufteilung gibt es ja sowieso nicht mehr, man arbeitet auf beiden Seiten dieser Grenzen und überschreitet sie ständig. So kann man mit Methoden aus dem Arsenal des Kritikers auch Kunst machen.

*Ein Kritiker, der vorher im Kreis stand, hält, mit der Hand über den Augen, als Schutz vor dem gleißenden Licht, Ausschau. Er stellt sich dazu auf seine Zehenspitzen. Moussa dreht sich kurz zu ihm, dann wieder zurück.*

**GILBERT** Aber ist denn die Kritik keine Kunst? Und noch mehr? Wie das künstlerische Schaffen die Tätigkeit des kritischen Geistes voraussetzt und ohne sie, kann man sagen, gar nicht vorhanden wäre, so ist wahrlich die Kritik schöpferisch im höchsten Sinne des Wortes. (...)

**ERNEST** Aber ist denn die Kritik eine schöpferische Kunst?

**GILBERT** Warum nicht? Sie behandelt Stoffe und gibt ihnen eine neue und reizvolle Form. Kann man von der Dichtung mehr sagen? Ich würde die Kritik ein Schaffen aus Geschaffenem nennen. Denn wie die großen Künstler (...) nicht dem Leben selbst ihre Stoffe entnahmen, sondern dem Mythos, den Sagen oder alten Erzählungen, so behandelt der Kritiker Stoffe, die andere für ihn gleichsam schon gereinigt, denen sie schon Form gegeben haben. Ja, ich gehe noch weiter:
Die höchste Kritik gibt die reinste Form persönlichen Eindrucks und ist also in ihrer Form schöpferischer als das Schaffen selbst. Denn sie kann an keinem äußerem Maßstab gemessen werden. Sie ist ihre eigene Ursache und ist, wie ein Grieche sagen würde, in sich und für sich ein Ziel und Ende.

**KUNSTKRITIKERIN** So, ich muss mal zu den anderen da drüben schauen. Kennt ihr den Wolfgang schon? Er arbeitet jetzt für die AICA.

*Moussa und Erwin schütteln verneinend den Kopf. Die Bekannte verabschiedet sich auf die Toilette. Die Kunstkritikerin geht zu Wolfgang.*

**MOUSSA** Schauen wir uns noch die Ausstellung an?

**ERWIN** Ja.

Den Dialog führten der Künstler Moussa Kone und der Schriftsteller Erwin Uhrmann.

Die Passagen, in denen Ernest und Gilbert sprechen, entstammen dem Essay „Der Kritiker als Künstler“ von Oscar Wilde. Stünke, Hein: Schriften zur Kunsttheorie II. Oscar Wilde. Kritik als Kunst. Deutsch von Felix Paul Greve. Berlin: Alexander Verlag, 1987.

ACA

# If you are not for art, you are against art

## Über das Elend der Kritik

**Christian Demand**

Die Kunst im Singular gibt es bekanntlich nicht, die zeitgenössische erst recht nicht. Das so anregend bunte wie verwirrend bodenlose, pan-, para-, meta-, hyper-, anästhetische Pluriversum unterschiedlichster Exponate, Konzepte, Präsentationen, Aktionen, Programme, Installationen und Performances, das uns auf internationalen Biennalen und ähnlichen Leistungsschauen für Gegenwartskunst begegnet (von den abertausenden kleiner Galerien, privater Kunsträume, Akademieausstellungen und Undergroundevents einmal gar nicht zu sprechen), ist viel zu heterogen und widersprüchlich, als daß es sich angemessen auf einen Begriff bringen ließe. Mit jeder Aussage über Kunst im Singular bewegt man sich also immer schon auf äußerst brüchigem Grund. Müßte das für die Kritik im Singular nicht ebenso gelten? Schließlich ist doch auch in diesem Genre das Angebot an Textformen, Zielsetzungen und Interessenlagen denkbar breit. Das Panorama reicht von der jovialen, über Kulturreisetips, Newsflashs und süffige Fotostrecken hinwegplaudernden Wohlfühl-Conference auflagenstarker Publikumsmagazine wie *ART* oder *Weltkunst* über die von den überregionalen Feuilletons kultivierte Mischung aus coolem Insiderblick und der Anbetung großer Namen bis hin zu den besserwisserischen Diskursspielen à la *Kunstforum International* und *Texte zur Kunst.* Das selbstbewußte Ostinato der in diesem Umfeld tätigen Autoren wird begleitet vom hilflosen Nachstammeln der von ihnen vorgestanzten Formulierungen in den Pressetexten von Kunstvereinen, in den Verlautbarungen kommunaler Kulturpolitik, in der Kulturspalte von Regionalzeitungen. Auch hier bedeutet jegliche Generalisierung zwangsläufig eine Verkürzung. Nichtsdestoweniger scheinen mir, zumindest was den deutschen Sprachraum angeht, drei allgemeine Behauptungen zulässig:

1. In keinem anderen vergleichbaren Genre der Kritik neigen die Akteure so sehr dazu, ihre Tätigkeit als volkspädagogische Aufgabe zu begreifen, als kulturellen Missionsauftrag mit dem vorrangigen Ziel, gegen die Widerstände und Vorbehalte eines Publikums anzuschreiben, dessen prinzipieller Mangel an Urteilskraft von vornherein außer Frage steht. Nirgendwo sonst ist das aufklärerisch liberale Ethos, von dem die Idee einer bürgerlichen Öffentlichkeit einstmals getragen war, und das im Kritiker den überparteilichen Sachwalter der Interessen eines möglichst breiten Publikums sehen wollte, so vollständig erodiert. Nirgendwo sonst verschwimmen die Grenzen zwischen Klappentext und Servicebeitrag, Rezension und Fanbekenntnis derart häufig, vermischen sich werbliche Absichten auf diffuseste Weise mit kritischem Anspruch. Daß Verrisse eher selten sind und sich in aller Regel auf Künstler beschränken, die sich in den Hierarchien des Betriebs noch nicht durchgesetzt haben, während die big names kulturelle Hofberichterstattung genießen bzw. per Interview unkommentiert selbst die Deutung fürs eigene Werk übernehmen dürfen, paßt da nur allzu gut ins Bild. Der Glaube an die Existenz eines prinzipiellen Erkenntnis- oder wahlweise auch Sensibilitätsgefälles zwischen ahnungslosen Laien und informierten Kennern, der mit der nicht minder herablassenden Vermittlungsideologie der professionellen Museumspädagogen und Fachdidaktiker ideal harmoniert, hat eine lange Tradition. „Auf das Kritisieren“, schrieb Alfred Lichtwark Anfang der 1920er Jahre, „diese abscheuliche Angewohnheit, durch die sich die Halbbildung und die Gefühlsroheit unseres Durchschnittspublikums offenbart, kommt der Mensch nicht von selber. Es entsteht aus einem Ansteckungsstoff, der sich in Massenversammlungen Halbgebildeter entwickelt.“ Heute schreibt man lieber „If you are not for art, you are against art“, die Botschaft aber ist die gleiche: Urteile über zeitgenössische Kunst sind Expertensache. Ein Laie, der sich anmaßte, eigene ästhetische Wertvorstellungen zu entwickeln, hätte ganz offenbar verkannt, daß er weder die geistigen noch die sittlichen Voraussetzungen erfüllt, die dieses ach so ungeheuer schwierige Geschäft erfordert.

2. In keinem anderen vergleichbaren Genre der Kritik herrscht bei aller äußerlichen Vielfalt der Textformen ein solch niederschmetternd einförmiger, schabloniert superlativischer, pathetisch aufgeladener Jargon. In seinem normativen Sog verwandelt sich jeder noch so beiläufig zusammengespaxte MDF-Kubus unweigerlich in einen „Ort der Versenkung und der vibrierenden Stille“, jeder zittrige Kreidestrich auf Rauhputz in eine „modellhafte Reflexion über die Konstruktion und Dekonstruktion von Wirklichkeit“, jedes Flackern dreier Neonröhren in eine „Neudefinition des Raumes durch das Licht“, jeder monochrome Autist in einen „Meister des Unergründlichen“. Eine solch durchsichtige intellektuelle Taschenspielerei wirft nicht nur ein denkbar ungünstiges Licht auf die kunstpädagogische Gefällelehre bzw. auf die Lauterkeit ihrer Adepten, sie erregt zugleich den Verdacht, die rhetorische Technik könnte sich auf diesem Feld vom konkreten Anlaß komplett abgelöst haben. Die Indizien dafür sind zahlreich. Eine Bremer Kunsthistorikerin etwa bietet via Internet rühmende Einführungen und andere panegyrische Prosa für beliebige Zwecke an: „Nach Absprache mit dem Künstler, Kurator etc.,“ verspricht sie ihren Kunden, „erstelle ich für Sie auf das Projekt gezielte laudationes“ sowie, „begleitend oder vorbereitend auf Ausstellungen, Betextungen aller Art und Stilrichtungen“. Womit wir beim letzten Punkt angelangt wären.

3. In keinem anderen vergleichbaren Genre der Kritik sind derart häufig Lobbyisten des Betriebs anzutreffen. Während in Sachen Filmkritik niemand auch nur im Traum auf die Idee käme, professionelle Insider wie Produzenten oder Rechtehändler mit wertenden Stellungnahmen zum Programm der Konkurrenz oder gar zum Angebot des eigenen Hauses zu betrauen, ist im Kunstbetrieb ein solcher Rollenpluralismus an der Tagesordnung. Bemerkenswert ist auch die Bereitschaft, besondere Urteilskraft für die aktuelle Kunst ausgerechnet bei Kunsthistorikern, also bei Experten für das Vergangene und bereits Kategorisierte zu vermuten. Auch dafür gibt es auf keinem anderen Feld eine Parallele. Oder würde irgendjemand ernsthaft die Suche nach einem kompetenten Rezensenten für zeitgenössische Literatur ausgerechnet am Lehrstuhl für neuere deutsche Literatur beginnen? Wissenschaftsethisch ist die Personalunion von Kunsthistoriker und Lohnschreiber

zudem höchst problematisch, da die Produkte der vom Betrieb bestellten und bezahlten schriftstellerischen Fürsorge in der Regel im nächsten Schritt wohlgemut sogleich wieder als Quellentexte in die fachwissenschaftliche Forschung eingeführt werden – und das mitunter sogar vom selben Autor.

Zu diesen unerfreulichen Charakteristika des öffentlichen Redens und Schreibens über bildende Kunst kommt noch die intrinsische Asymmetrie, die institutionalisierter Kritik als solcher eignet: Rezensieren ist in aller Regel ein monologisches Geschäft. Das liegt schon in der Natur der Medien, über die Rezensionen verbreitet werden. Ob Fachmagazin oder Tageszeitung, TV-Kultursendung oder Funkfeuilleton, Ausstellungskatalog oder musealer Audioguide – die weitaus meisten Informationsangebote funktionieren nach dem schlichten Wasserhahnprinzip nur in eine Richtung. Zugleich ist der Zugang zu den Informationskanälen außerordentlich rigide reglementiert. Natürlich wird in Editorials, Vorworten und Eröffnungsansprachen auch weiterhin allseits inbrünstig der Dialog beschworen. Aber davon sollte man sich nicht täuschen lassen. In der publizistischen Praxis findet er nicht statt. Ohne Partizipation des Publikums verkommt Kritik zum ritualisierten Selbstgespräch.

# Wie beurteilt man Kritik?

## Kriteriendiskussion zur Vergabe des Art Critics Award

*Welche Kriterien kann man finden, um Kritik zu beurteilen? Wie wird Kunstkritik von KünstlerInnen wahrgenommen? Was muss man berücksichtigen, wenn man KritikerInnen kritisiert?*

*Am 15. Dezember 2006 diskutierten in Wien in den Räumlichkeiten der basis wien die VeranstalterInnen des Art Critics Award mit ACA-Jurymitgliedern und VertreterInnen von Kunstzeitschriften Kriterien zur Vergabe eines Kunstkritik-Preises.*

Grundsätzlich wurde festgelegt, dass nicht erörtert werden soll, was Kunst und was Kritik ist und es nicht um Definitionen geht. Auch sollte nicht der Zustand des Feuilletons beklagt werden. Wichtig waren vor allem die Fragen: Was ist für die KünstlerInnen ein gut strukturierter Blickpunkt auf ein Kunstwerk, der in einer geschriebenen Fassung Niederschlag findet. Die Diskussion drehte sich um zentrale Fragen und Aussagen, die im Folgenden mit zusammengefassten Statements der einzelnen DiskussionsteilnehmerInnen dokumentiert sind. Die Kriteriendiskussion wird ausführlicher wiedergegeben, da sich im Verlauf der Gesprächsrunde einige Beurteilungskriterien ergaben, die erst im Für und Wider eine klare Schärfe erlangten, dazu gehören: Recherchetiefe, angemessene sprachliche Stilistik, Transparenz von Wissensquellen, Kontextualisierung, Eingehen auf die Kunst (Empathie), Einbringung der eigenen Meinung, Offenlegung der eigenen Kriterien.

Lioba Reddeker, Geschäftsführerin basis wien
Moussa Kone, Erfinder des ACA, Kunstwerft
Andrea van der Straeten, ACA Jurymitglied, Künstlerin (Österreich)
Markus Schwander, ACA Jurymitglied, Künstler (Schweiz)
Thomas Baumann, ACA Jurymitglied, Künstler (Österreich)
Ines Gebetsroither, Redakteurin spike
Werner Rodlauer, Chefredakteur artmagazine.cc
Erwin Uhrmann, Kunstwerft, basis wien

## Wie wird Kunstkritik von den KünstlerInnen für ihre eigene Arbeit und auch für den für sie relevanten Diskurs im Kunstbetrieb wahrgenommen?

Lioba Reddeker Zur Fragestellung „Wo steht die Kunstkritik heute?" gibt es zahlreiche Symposien, Diskussionen und Publikationen. Christian Demand geht in seinem Buch Neue Kunstkritik von 1999 davon aus, dass Kunst in der Gesellschaft eine Funktion hat, und somit auch die Kunstkritik. Über Kunstkritik kann also nur diskutiert werden, wenn die Funktion der Kunst in der Gesellschaft klar ist. Ulf Wuggenig, ein Kunstsoziologe an der Universität Lüneburg, hat vermutlich die aussagekräftigsten Daten dazu zusammengetragen, auch zum Thema, welchen Einfluss Kunstmagazine und Kunstkritik auf Sammler, Käufer und andere Kunstinteressenten hat.

Dann handelt zum Beispiel eine aktuelle Dissertation aus Deutschland von Stefan Lüddemann u.a. von Kriterien zur Kunstkritik. Im Zusammenhang mit der Diskussion über die Krise der Kritik stellen sich folgende Fragen wie „Werden Kritiker heute als meinungsbildende Instanz noch ernst genommen oder werden sie zu Propagandisten von kulturellen Waren degradiert?"

In Österreich können Erwähnungen in Zeitungen und Magazinen nicht zuletzt eine direkte ökonomische Auswirkung haben - nämlich im Kontext von Anträgen an die öffentliche Hand. So wird auch eine Nennung der Arbeit in einer Gruppenausstellung zum Ausweis für Wahrnehmung = Qualität?!

Als Frage an unsere Kolleginnen und Kollegen hier: Wie nehmen das die Zuständigen in den Magazinen und Medien wahr? Auch das, was jetzt gerade die KünstlerInnen zum Verhältnis Kritiker und Künstler gesagt haben ?

Moussa Kone Die Idee, mich mit Kunstkritik zu beschäftigen, kommt daher, dass ich im Zuge des Diploms auf der Universität für Angewandte Kunst aufgrund des neuen Studienplans dazu angehalten war, mich in einem Text mit meiner eigenen Kunst auseinanderzusetzen. Dabei bin ich auf Christian Demand gestoßen, der an der ‚Angewandten' Kunstkritik unterrichtet und die spannende Tatsache, dass KünstlerInnen in Kritik unterrichtet werden.

Ab diesem Zeitpunkt habe ich dann immer mehr begonnen, mich mit Kunstkritik auseinanderzusetzen - auch in meiner künstlerischen Arbeit. Das sieht man auch bei den Zeichnungen, vor allem Tusche, die ich im Moment fast ausschließlich male. Es gibt hier immer diese beiden Figuren bzw. immer den Gegensatz in der Arbeit: Kunstkritiker, die mit feiner Tusche und grau gezeichnet sind - das Zeichnen auch wegen der Nähe zum Schreiben - und dem gegenüber der Künstler, bzw. teilweise auch Farben, Aquarellfarben, diesen Gegensatz zwischen Kunst und Theorie bzw. Intellekt und Emotion. Aus der Beschäftigung mit dem Verhältnis Kunst und Kritik, Kunst und Theorie, ist die Idee entstanden, diesen „Spieß einmal umzudrehen", obwohl ich gar nicht behaupten will, dass es ein klares Bild von Kritiker und Künstler gibt. Ich glaube, dass die Rezension unter Berücksichtigung des Mediums, in dem sie erscheint, ein gutes Feld bietet, um wirklich die Kriterien zu ihrer Beurteilung herauszufinden.

Wichtig ist mir noch die Frage, was für KünstlerInnen gute Kunstkritik ausmacht. Für mich ist Kunstkritik etwas, das die eigenen Kunstwerke ergänzt, d.h. erst in der Rezeption passiert die Produktion eines Kunstwerkes. Für mich ist das untrennbar miteinander verbunden. Ohne Rezeption in Form der Kunstkritik oder eines Textes ist auch das Werk nicht vorhanden. Aus dieser Haltung entstand auch der ACA, der helfen soll, das Verhältnis zwischen KritikerInnen und KünstlerInnen zu verstärken. Der ACA hat nichts mit Rache an KritikerInnen zu tun, sondern will den KritikerInnen mehr ‚Macht' für die Kunstkritik in diesem komplexen Kunstsystem, wo in den letzten Jahren vielleicht auch der Markt mehr und mehr an Oberhand gewonnen hat, einräumen.

Markus Schwander Kritik, in dem Sinne, dass jemand etwas kritisiert, oder auch verreißt, gibt es selten. Bei großen Gruppenausstellungen gibt es deshalb Verrisse, weil man nicht einzelne KünstlerInnen angreift, sondern ein bisschen gegen das System schießen kann. Der Rest sind Texte, die einem Künstler viel nützen, die sehr intelligent und gut mit dem Werk umgehen. Die sind aber doch relativ oft nicht in einem Kunstkritik-Sinn verfasst, sondern Auftragsarbeiten oder eingefädelte Geschichten, wo man weiß, da schreibt jemand, der positiv schreiben wird. Es ist also schwer abzuschätzen, wie das Ergebnis einer Medienbeobachtung zur Kunstkritik aussieht.

Andrea van der Straeten Es wurde gesagt, dass zu wenig Verrisse zu lesen sind und wenn, dann nur bei Gruppenausstellungen. Diesen Eindruck teile ich. In der Mehrzahl der Kritiken, so wie ich sie zum Beispiel vor allem in der Tagespresse lese, findet überhaupt keine Auseinandersetzung mit der Arbeit statt. Entweder ein/e KritikerIn hat sich eine ironische Zugangsweise angewöhnt oder liebt das Zitat oder schreibt nur die Werkangaben in etwas ausführlicherer Form aus dem Pressetext ab. Als Künstler kann man damit nichts anfangen. Und deswegen fände ich es sehr gut, wenn wir von uns aus versuchten, Kriterien zu formulieren, wie eine ‚gute' Kunstkritik sein sollte. Auch um einmal in diesem Feld ein bisschen Unruhe zu stiften. So abgeschlossen sind die Terrains nicht, dass in jedem Terrain jede/r machen kann, was sie/er will.

Thomas Baumann Zum einen, warum vielleicht relativ wenig Kritiken auftauchen, könnte mit der Menge der Ausstellungen und dem Platzmangel für Texte zu bildender Kunst in Tageszeitungen zu tun haben. Es kann somit nur ein Teil besprochen werden. Was natürlich auch in der Kunstbranche vorhanden ist, dass sehr viel über persönliche Kontakte läuft. Insofern ist ein Preis sehr gut, weil er einen Blick von außen auf diese Szene lenkt. Wenn der Preis jetzt einen gewissen Erfolg hätte, könnten sich einige Dinge ändern, vielleicht werden sie von außen anders betrachtet. Bezüglich ob Kritiker Macht haben: Eine Einzelausstellungsbesprechung in Fachzeitschriften ist sicherlich etwas maßgeblich Notwendiges. Die Gruppenausstellungstexte kann man nicht wirklich verwenden, denn das sind diese Namedroppings von einzelnen KünstlerInnen. Aber um die Einzelbesprechungen kommt man als Künstler nicht herum. Um dann den vermutlich nächsten Schritt zu Biennalen oder großen Gruppenausstellungen zu schaffen. Wenn man die Karrieren verfolgt, gibt es die Verbindung zwischen vielen Einzelbesprechungen und dann in weiterer Folge Präsenzen in den wichtigen Biennalen, die immer mehr werden, da gibt es einen ganz dezidierten Zusammenhang.

## Wie wirken sich die Produktionsbedingungen auf das Schreiben über Kunst aus?

Werner Rodlauer Die Produktionsbedingungen sind je nach Medium extrem unterschiedlich. Während bei einer Tageszeitung ein sehr knapper Zeitrahmen besteht, hat man in einem Fachmagazin mehr Zeit, zu einem eigenen Schluss zu kommen. Die Redaktionen in Tageszeitungen sind fix, es schreiben die immer gleichen Personen, mehr Beiträge von außen sind finanziell oft nicht möglich. Ich glaube aber, dass es auch in Tageszeitungen darum geht, das Gezeigte auf Basis einer kunstkritischen Auseinandersetzung im besten Sinne zu vermitteln.

Aufgrund der handelnden Personen läuft es oft darauf hinaus, dass die beschreibende Darstellung dessen, was zu sehen ist, überwiegt. Grund dafür sind einerseits die jeweiligen Personen, andererseits die Richtlinien der Medien verbunden mit dem Motto: Wir wollen jetzt nicht die tiefer gehende Kritik, sondern schreib das so, dass die Leute hinkommen. Ich würde den Ansatz aber schon auf der Basis der Kunstkritik sehen.

Ines Gebetsroither Autorinnen und Autoren unterscheiden oft gar nicht, ob sie für eine Tageszeitung oder für ein Kunstmagazin schreiben. Das halte ich für problematisch. Es ist ein Unterschied, ob ich für ein Kunstmagazin etwas schreibe oder für eine Tageszeitung, weil das Publikum ein anderes ist, und weil die Intensität der Auseinandersetzung mit dem Gegenstand eine jeweils unterschiedliche sein sollte. KritikerInnen setzen sich sehr häufig nicht wirklich mit dem, was in der Ausstellung geboten wird, auseinander. Diese nur scheinbar objektive Distanz wollte *spike* von Anfang an aufheben. Das Schreiben über Kunst soll möglichst nahe an der künstlerischen Position selbst sein, ohne dass man „drüberfährt", entweder mit dem theoretischen Gerüst oder mit einem bestimmten Schema. Das sollte nicht geschehen.

## Gibt es zu wenig infrastrukturelle Ressourcen für die Kunstkritik?

Thomas Baumann Was hier natürlich auch eine Rolle spielt: Die Bezahlung für Kunstkritiker ist katastrophal. Viele behaupten, dass man nicht davon leben kann und um zu einem normalen Durchschnittseinkommen zu gelangen, gar nicht genug schreiben bzw. veröffentlichen könnte.

Werner Rodlauer Die zur Verfügung stehende Länge für einen Text bemisst das Honorar, und das in Verhältnis zu setzen zum Aufwand, den der Artikel bedeutet, ist meiner Meinung nach zu berücksichtigen. Für einen 50-Zeilen Artikel ist das übliche Honorar für Freie zu niedrig. Um davon leben zu können, muss man das in zwei Stunden schreiben, umgerechnet auf einen normalen Monatsverdienst. Angestellte RedakteurInnen verdienen im Vergleich dazu sehr gut. Bei ar*tmagazine.cc* haben wir die Rezensionen auf 2.000 Zeichen festgelegt und zahlen dafür 60 Euro. Wenn jemand anruft und sagt: „Ich brauche mehr Platz", dann wird über den Preis extra verhandelt. Länger sind die Rezensionen deshalb nicht, weil in einem Online-Medium längere Texte mühsam zu lesen sind. Unser Medium sehe ich auch eher als Kritik- weniger als Theoriemedium.

Ines Gebetsroither Das *spike* bezahlt pro Review mit ca. drei- bis viertausend Zeichen 150 Euro, was relativ viel ist. Für uns ist ein angemessenes Honorar auch ein Beitrag zur Aufwertung der Kunstkritik.

Andrea van der Straeten Man muss aufpassen, dass sich nicht zwei ‚brotlose Bereiche' die Entschuldigungsstrukturen gegenseitig an den Kopf werfen. Ich glaube, qualitativ müsste es nicht so einen großen Unterschied machen, ob Fachpresse oder Tageszeitung, es stellt sich aber die Frage, wie stark in der Tagespresse noch gekürzt wird. Das ist vielleicht auch ein Grund, warum man sich dort dann auf rein beschreibende, oder nicht so ausführliche und viel Vorarbeit erfordernde Recherchen und Schreibpraktiken verlegt. Denn unter Umständen kann es passieren, dass die drei wichtigsten Absätze ärgerlicherweise dann doch plötzlich aus Platzmangel fehlen.

## Henne oder Ei: Die Macht der KritikerInnen?

Moussa Kone Es dürfte ein Vorurteil sein, dass man KritikerInnen so viel Macht zugesteht, über Karrieren entscheiden zu können. Im Gespräch mit vielen KritikerInnen wurde mir immer wieder zugesichert, dass diese sich selbst nicht als besonders mächtig betrachten. Was ihnen vorgegeben wird, sind die Ausstellungen, die KünstlerInnen, die vom Markt vorselektiert werden. Auf der einen Seite gibt es die KritikerInnen, die selbst der Meinung sind, sie können auf keinen Fall über Karrieren entscheiden, auf der anderen Seite gibt es noch immer die vorherrschende Meinung der Künstler, für die die Kritiker einen hohen Stellenwert hatten.

Andrea van der Straeten Ich war im Vorjahr auf einer Veranstaltung, wo verschiedene VertreterInnen von Kunstinstitutionen und großen Ausstellungshäusern gemeint haben, dass es völlig abwegig und veraltet sei, zu glauben, dass Museumsausstellungen etwas mit Kanonisierungen zu tun haben. Das ist auf einer ähnlichen Ebene. Wer die Macht hat, sieht sie nicht oder findet es klüger sich davon zu distanzieren.

Lioba Reddeker Das ist interessant und ich möchte es nochmals von der sozialwissenschaftlichen Seite her bekräftigen. Im Hinblick auf einen Erfolg im Markt schwindet der Einfluss der Kunstmagazine. Aber KünstlerInnen sind oft davon überzeugt, dass sich das Schreiben über ihre Kunst auf das Käuferverhalten auswirkt. SammlerInnen und auch KäuferInnen entscheiden aber letztlich subjektiver und spontaner. Sammler demonstrieren damit ja auch ihre Kompetenz in Sachen Kunst und lassen sich nicht gerne von "besserwisserischen" KunstkritikerInnen die eigenen Vorlieben verderben.

Markus Schwander Ich glaube, dass die meistens ein hohes Vertrauen in ihre Galeristen haben und wir müssten uns dann fragen, wer denen sagt, was sie machen sollen? Es gibt viele Sammler, die einfach bei einem oder zwei Galeristen kaufen, und das war es.

Werner Rodlauer Man darf die Professionalisierung, die auf der Galerieebene stattgefunden hat, wenngleich man das oft zu wenig wahrnimmt, nicht unterschätzen. Ich glaube schon, dass die ein wichtiges Publikum sind für Kunstkritik. Seien es Zeitungen, seien es Fachmagazine. GaleristInnen lesen das schon, weil sie sich ja professionell informieren müssen. Und immer schauen, wo kommt was Neues, wenn es nicht aus anderen Quellen an sie herangetragen wird. Aber eigentlich sehe ich sozusagen im besten Fall die suchenden Galeristinnen und Galeristen als wichtiges Zielpublikum, nämlich dann auch in der Wirkung auf die Künstler. Auf die KäuferInnen direkt hat es wenig Einfluss, aber auf die, die die KäuferInnen beeinflussen, hat es Einfluss.

## Ein Kunstkritikpreis für den besten Text oder für die beste Kritik? Oscar- oder Lebenswerk-Prinzip

Lioba Reddeker In dem Zusammenhang war ja zunächst eine wichtige Frage: Nur deutschsprachig oder nicht! Zum zweiten wurden sehr viele Magazine involviert, weil sie im nationalen und lokalen Kulturbetrieb von Bedeutung sind. Uns ist die möglichst geringe Vorselektion sehr wichtig! Teils sind in diesen Magazinen nur ein, zwei relevante Texte. Aber natürlich berücksichtigen wir alle relevanten Tageszeitungen, Magazine und Fachmagazine, die für den österreichischen Kontext relevant sind.

Moussa Kone Eine Preisvergabe ist immer auch eine politische Entscheidung, und deswegen ist die Frage zu klären, ob die gesammelten Texte anonymisiert werden sollen.

Werner Rodlauer Ein Einwurf aus eigener Erfahrung: Eine Entscheidung, die die Jury treffen muss. Welches Prinzip des Preises wird angewandt? Ich nenne jetzt das eine das Oscar-Prinzip = Entscheidung aufgrund einer herauszuhebenden Einzelleistung oder das „Lebenswerk-Prinzip". Ich weiß das aus eigener Erfahrung, Preis der Kammer Wien. Das war eine immens wichtige Entscheidung von Anfang an. Die muss man dann auch durchziehen. Es sind beide Formen der Preisvergabe gleich legitim, aber man muss sich für eine entscheiden.

Markus Schwander Das ist eine ideologische Frage. Wen möchte man denn haben? Ich hätte gerne Leute, die sich auch über Zeit engagieren, ein bisschen besser oder schlechter schreiben, ist mir egal, wenn sie sich engagieren, wenn sie etwas tun, damit die Diskussion läuft und Sachen angesprochen werden und daher werde ich wahrscheinlich eher zu den Personen und Prinzipien gehören, aber ich kenne dann wahrscheinlich keinen.

Andrea van der Straeten Spontan würde ich eher das Oscar-Prinzip favorisieren, denn mit dem Lebenswerk wird relativ viel und häufig gearbeitet. Ich könnte mir auch jemanden als SiegerIn vorstellen, die/ der noch kaum hier geschrieben hat, wäre eventuell besser, als jemand, der sich schon 10 Jahre durch den Betrieb ackert und immer frustrierter wird. Aber das ist nur eine Vermutung, es kann auch genau umgekehrt sein. Dann müsste man das auch an einem Text ablesen können und braucht nicht zu wissen, was für nähere Hintergründe und berufliche Schwierigkeiten diese Person hat. Über das Oscar-Prinzip und anonymisiertes Material würde die Diskussion interessanter verlaufen. Es würde sonst ausufern, weil wir im Kopf haben, wer hier schreibt und wenn wir hier die ganzen Lebensblasen dahinter mitdiskutieren müssen, dann sehe ich lange kein Ergebnis.

Thomas Baumann Ich wäre vom Gefühl her fürs Oscar Prinzip, weil es den Vorteil hat, dass nicht so viel Wert auf die Person gelegt wird. Es gibt mehr Möglichkeiten von der Fairness her. Wenn jemand zehn Jahre lang schreibt. Dann ist es nicht nur die Frage, wer hat in den drei Monaten mehr geschrieben? Und ein Etablierter hat in den letzten drei Monaten wahrscheinlich auch mehr geschrieben.

Ines Gebetsroither Man muss ja auch mitbedenken, dass es unterschiedliche Positionen bei den KritikerInnen gibt. Es gibt KritikerInnen, deren Lebenswerk es ist, für bestimmte künstlerische Positionen zu werben und vielleicht sogar über Jahrzehnte zu schreiben. Wie beurteilt man die im Vergleich zu anderen, denen das nicht so wichtig ist, die eine andere Intention haben?

## Die Kriteriendiskussion

Ines Gebetsroither *spike* ist angetreten, um ein neues Schreiben über Kunst zu ermöglichen und zu forcieren, und man ist ziemlich schnell daraufgekommen: Die Texte sind nicht automatisch so, wie man sich das vorgestellt hat. Und seither kämpfen wir mit den AutorInnen, um Texte zu bekommen, deren Ansatz ein subjektiverer, leidenschaftlicherer, kritischer, risikofreudigerer ist. Nicht reine Beschreibungen, die über die Beschreibung an sich nicht hinausgehen. Wir haben einige Initiativen gestartet, eine davon war ein Brief mit Kriterien, den die Chefredakteurin an unsere wichtigsten AutorInnen geschrieben hat. Es kamen eher mäßige Reaktionen unserer eher engagierten AutorInnen auf diesen Brief. Wir haben schon relativ früh Kriterien für uns entwickelt, und mit den AutorInnen auch darüber gesprochen, im Extremfall sitzen wir dann auch im Kaffeehaus und führen eine ziemlich intensive Auseinandersetzung mit den AutorInnen. Die Punkte für die Ausstellungskritik, die wir verlangen, sind zum einen vor allem eine sowohl inhaltliche als auch formale Beschreibung. Es gibt Tendenzen in der Kunstkritik, das Formale eher zu vernachlässigen. Prinzipiell wird sehr gerne der Inhalt einer Arbeit beschrieben, die Form wird oft außer Acht gelassen. Wir legen darauf Wert, dass beides beschrieben wird. Die Beschreibung soll dann zum zweiten nicht in ein Nichts laufen, sondern zu einem Punkt kommen, zu einer Interpretation und Kontextualisierung führen. Und schließlich natürlich zu einer Einschätzung, einer kritischen Beurteilung der Arbeit .

Lioba Reddeker Ich möchte ergänzend noch ein Seminar an der Uni Zürich zur Kunstkritik ansprechen. Da gibt es den Beruf Kunstkritiker / Kunstkritikerin und einen Lehrveranstaltungsinhalt, der lautet: "Wie schreiben?" Stil, klare Sprache, prägnante kurze Sätze usw. - und auf der letzten Seite heißt es dann: Kriterien zur Qualifikation zeitgenössischer Kunstwerke, was ich ein wenig anders formulieren möchte: Kriterien zur Bewertung von Kunst durch die Kunstkritik. Und dort stehen

Kommentare, mit denen ich so nicht einverstanden bin, zum Beispiel: Vor jedem Werk alles vergessen! Was will der Künstler/die Künstlerin? Gefühlsmäßiges und Emotionelles zunächst zurücknehmen. Es wird danach gefragt, auf welcher Ebene, mit welcher Technik, wie es gemacht ist, wer ist der Künstler? Also - das würde ich an vielen Stellen überdenken.

Ines Gebetsroither Der O-Ton ist im ganzen Magazin wichtig, die Nähe zur künstlerischen Position. Erstens, dass die/der AutorIn sich selbst einbringt. Das klingt im Deutschen sehr komisch, wenn man sich die amerikanischen Kunstkritiken anschaut, da kommt sehr oft das Wort „I“ vor. Zweitens, dass man KünstlerInnenstatements einfließen lässt, auch bei den Kritiken hätten wir das gerne, aber vor allem auch bei den größeren Beiträgen.

Lioba Reddeker Ja, da stimme ich unbedingt zu, denn so ergibt es auch eine Art von Überprüfung einer Recherche. Ich ärgere mich sehr über anscheinend unrecherchierte Behauptungen und Kommentare. Für mich ist eine Recherchetiefe, ein O-Ton, ein In- Beziehung-Setzen der eigenen Meinung mit etwas Erfahrenem besonders wichtig.

Markus Schwander Eine Schweizer Zeitung hat ein Magazin, in dem viele Leute schreiben, nicht speziell über Kunst, und zum Teil fragen die nur mehr ihre Freunde. Sie bringen sich dann zwar ein, aber die Texte schauen so aus, dass man sich denkt, sie haben sich das am Kaffeehaustisch ausgedacht.

Lioba Reddeker Ein Ergebnis haben wir schon. Wir untersuchen die Recherchetiefe, oder: Wie kann man erkennen, dass auch ein Befragen der eigenen Meinung, des eigenen Vorurteils, stattgefunden hat?

Ines Gebetsroither Für mich persönlich ist Empathie der Sache gegenüber wichtig, eine Auseinandersetzung, ohne die kritische Distanz auszuschalten, ein prinzipielles Wohlwollen und dann in einem nächsten Schritt erst die Kritik. Es ist wichtig, dass man nicht alle Diskussionen und Diskurse, die es um das Werk bereits gibt, mitschleift. Besonders schön ist es außerdem, wenn es einem/einer AutorIn gelingt, die eigenen Kriterien für die Kunstkritik in den Text einfließen zu lassen. Das gelingt zwar nur sehr schwer, sollte aber ein Ziel für Kunstkritik sein.

Lioba Reddeker Kriterien transparent machen ohne Punkteliste davor. Was ist mit den Fragen: Was will der Künstler, was wollen die Künstlerinnen? Oder ist in eurem Kunstverständnis sehr wohl auch eine interessante Auseinandersetzung mit den KünstlerInnen möglich?

Andrea van der Straeten Ich bestehe nicht darauf, als Künstlerin befragt zu werden, denn das Schlimmste ist, wenn man falsch zitiert wird und das passiert oft. Und dann sollte meinetwegen in der Kritik auch die schreibende Person zu Tage treten und nicht hinter der Anonymität des Mediums verschwinden. Deswegen finde ich dieses Argument gut, denn das Medium ist ja sowieso schon eine Instanz und wenn sich der oder die Schreibende in dem Medium auflöst, dann ist das noch eine stärkere Distanzierungsleistung. Ich würde nicht von vorneherein sagen, dass O-Ton die Garantie dafür ist, dass eine Recherche betrieben worden ist. Manchmal kommt auch genau das Gegenteil dabei heraus.

Markus Schwander Mir schien es eher so, dass es für die Schreibenden praktischer ist, wenn sie jemanden befragen können. Und wenn es dumm läuft, ist man schlecht aufgelegt und dann schreiben sie es einfach so. Gerade Tageszeitungen sind da sehr schnell und schreiben dann einfach, was man ihnen gesagt hat - manchmal sagt man ja auch einfach dummes Zeug. Ich habe sehr viele Texte, die über mich geschrieben wurden, auf meiner Homepage veröffentlicht und die werden auch zur Recherche verwendet. KritikerInnen lesen das dann und rufen mich nur noch an für ein, zwei sachliche Fragen.

Lioba Reddeker Sind wir einig, dass eine Kritik eine Beschreibung der künstlerischen Arbeit enthalten muss?

Thomas Baumann Die Beschreibung ist ein sehr einfacher Weg, um Zeilen zu füllen, deswegen wird sie häufig verwendet. Für jemanden der die Ausstellung nicht gesehen hat macht das klarerweise auch Sinn. Aber noch sinnvoller ist ein recherchierter inhaltlicher Artikel. Dann könnte man die Visualisierung im Text auch gänzlich weglassen.

Ines Gebetsroither Wenn die Beschreibung völlig wegfällt, wird es für die/den RezipientIn allerdings schwierig. Man ist dann meist mit einer für sich stehenden Interpretation konfrontiert, der oft auch die Beweisführung fehlt.

Werner Rodlauer Das ist, glaube ich, individuell zu lösen. Wenn du die Möglichkeit hast, zu bebildern, ist dieses Argument wieder weg. Text und Bildeinheit halte ich für wichtig.

Ines Gebetsroither Ein Text sollte auch alleine stehen können und nicht auf Bilder angewiesen sein.

Andrea van der Straeten Das hängt davon ab, wie die Medien mit dem Text-Bild-Verhältnis umgehen. Wenn im Zweifelsfall eher das Bild weg gelassen oder zu klein wird, und es gibt keine Beschreibung, ist das natürlich ganz schlecht. Und es hängt auch von den Arbeiten ab. Ich brauche nicht jeden Pinselstrich beschrieben bekommen, aber wenn es um eine Rauminstallation geht, dann sollte eine Beschreibung vorhanden sein, sonst blicke ich nicht durch.

Thomas Baumann Ich würde das nicht als Kriterium sehen. Es gibt zu viele unterschiedliche Herangehensweisen und zu viele unterschiedliche Statements, um ein solches Kriterium auf eine Textkritik anwenden zu können. Im besten Fall variieren AutorInnen ihre Texte abhängig von der Art der künstlerischen Aussage.

Ines Gebetsroither Meiner Erfahrung nach kommt man ohne Beschreibung nicht wirklich aus.

Werner Rodlauer Mag schon sein, aber es macht einen Unterschied ob du sagst, ganz ohne Beschreibung geht es nicht, oder ob du sie wirklich als Kriterium ansiehst.

Andrea van der Straeten Man könnte ja auch die Angemessenheit der Beschreibung als Kriterium formulieren.

Markus Schwander Ja, und was beschrieben wird, ist dann ja noch offen, man könnte auch eine Idee beschreiben.

Moussa Kone Die Qualität der Sprache wäre auch noch ein schwieriges Thema, das zu besprechen ist.

Andrea van der Straeten Eine Kritik im Wolf Haas-Stil, das wäre doch mal erfrischend!

Ines Gebetsroither Würden sich das die KünstlerInnen wünschen, dass man mehr Vergnügen hat beim Lesen?

Andrea van der Straeten Schon, ich würde mir das wünschen.

Moussa Kone Was man immer hört ist die Verschränkung von Bild und Sprache, die Übersetzung des Visuellen in Text. Darüber wird sehr viel diskutiert, was eine gute Kunstkritik ausmacht, wie man dem Werk auch entspricht. Das man es so erfasst, wie es funktioniert, dass es im Text selbst nachzuvollziehen ist.

Erwin Uhrmann Manche Kritiker benutzen eine sehr individuelle Sprache. Wie weit ist diese wieder angemessen oder wie weit handelt es sich dabei um Selbstdarstellung? Ich ärgere mich manchmal, weil diese eigene Sprache oft etwas Prahlerisches hat und darüber hinwegtäuscht, das man nicht wirklich eingeht und die erwähnten Kriterien erfüllt.

Andrea van der Straeten Beide Bereiche, sowohl der Kunst produzierende Bereich als auch derjenige, der kritisiert, sind Selbstdarstellungsbereiche per se. Die Frage ist, wie weit man die Selbstdarstellung von beiden Seiten einbringen kann, so dass es noch produktiv bleibt. Kunstproduktion ohne eine Form der Selbstdarstellung ist schwer vorstellbar. Einmal kann sie ganz unscheinbar sein, dann wieder dominant. Und ich denke, bei der Kritik ist es genauso. Die Frage ist nur: wo fangen die Einbahnstraßen an? Wo mag man schon gar nicht mehr hingucken oder hinhören, weil man die Richtung des Ego-Dampfers schon erkannt hat und keine Neugier mehr geweckt wird? Es ist mühsam, wenn man Kritiken liest, wo keine wirkliche Auseinandersetzung mit der Kunst stattfindet. Manchmal entsteht der Eindruck, ein spezifischer Umgang mit Sprache wird so wie ein Schild vor sich hergetragen, das man als LeserIn nicht durchdringt, das ist schlecht. Das Problem dabei ist aber oft mehr noch als die Sprache die Haltung, die dahinter steht. Wenn eine Kritik eine vielleicht artifizielle Sprache verwendet, aber trotzdem die Auseinandersetzung mit der Arbeit stimmt, dann ist das akzeptabel. Denn wenn man sich per se auf eine sprachliche „political correctness“ einigt, dann schlafen dir ja leicht beim Lesen die Füße ein.

Ines Gebetsroither Empathie ist hier das Schlagwort, dass ich mich auf das Werk total einlasse und im zweiten Schritt mich dann wieder löse, um zu einer kritischen Auseinandersetzung zu gelangen.

Markus Schwander Wenn man ein bisschen merken würde, woher jemand kommt, woher jemand argumentiert, macht das angreifbar. Denn in dem Moment, wo ich ein bisschen Ideologie zeige, und sage, von daher habe ich mir das überlegt, dann kann jemand sagen: Du bist auf dem falschen Dampfer. Und das machen die meisten nicht, die schreiben irgendwie, als gäbe es da etwas, was sicher wäre.

Moussa Kone Eine Art Sachverständigenbericht.

Lioba Reddeker Davon gibt es sehr viel und das macht letztendlich auch die Diskussion um die Machtposition von KunstkritikerInnen aus, wenn sich jemand hinter einem Medium versteckt. Es gibt renommierte Zeitschriften, in denen Kritiken zu finden sind, die so geschrieben wurden, als ob das im Himmel unter allen Aposteln und mit dem lieben Gott besprochen worden wäre. Darin findet man kein Echo, keine Positionierung und das finde ich für historisch mächtige Medien mehr als problematisch. Bei so manchem Magazin dieser Art habe ich auch stark das Gefühl, dass zwischen Redaktion und Autor keine Diskussion stattfindet. Es gibt sehr viel allgemein und nebulos formulierte Beurteilungen, wo völlig unklar ist, wie man jetzt dahin gekommen ist, und warum man das so definitionsmächtig deponieren muss.

Andrea van der Straeten Manche schreiben Sachverständigentexte. Manche Texte sind bestens geschrieben, manche kann man aber auch an die Versicherung weitergeben zur Eruierung des Schadenswertes; von den schlechten sind das dann oft noch die besseren, weil wenigstens Inhalte benannt werden.

Moussa Kone Wenn eine Ausstellung besprochen wird, wird in einem großen Teil auch die/der KünstlerIn besprochen oder das, was die/den KünstlerIn betrifft. Was haltet ihr vom biographischen Ansatz? Oft werden künstlerische Positionen über die Biographie aufgerollt. Gehört das zu einer Ausstellungsbesprechung? Wie viel Platz darf das einnehmen?

Lioba Reddeker Beispielsweise: Da ist ein Werk mittlerer Qualität, das vom Kunstkritiker mit Mehrwissen über die Kunst in einen anderen Kontext gestellt wird?!

Ines Gebetsroither Das ist der Punkt der Kontextualisierung. In der Art: Wird über eine künstlerische Arbeit geschrieben, als wäre sie jetzt gerade erst erfunden worden? Wenn man die in einem Kontext sieht, müsste man sich Gedanken darüber machen, dass eine solche Arbeit in den 1960er Jahren schon einmal gemacht worden ist.

Werner Rodlauer Das ist Recherchetiefe. Das sollte man im besten Fall nicht übersehen.

Ines Gebetsroither Das ist aber sehr oft der Fall.

Werner Rodlauer Das passiert den KünstlerInnen bei der Arbeit auch.

Ines Gebetsroither Aber das müsste dann die Kritik aufzeigen, das kommt da oder da her.

Lioba Reddeker Einordnen in den historischen Kontext, haben wir das auch? Damit ist kunstgeschichtliches Wissen gemeint.

Moussa Kone Es ist nicht ausreichend.

Erwin Uhrmann Aber so, dass man sich auf ein Hauptwerk des Künstlers als Referenzpunkt bezieht, kommt oft vor.

Werner Rodlauer Ein solcher Referenzpunkt kann auch ein Sicherheitsanker sein, um sich in der Rezension nicht allzu weit vom Kanon zu entfernen. Das ist beides möglich, das kann man aber aus dem Text herauslesen.

Lioba Reddeker Ja - so ähnlich! Ausschlaggebend ist doch wohl auch die Marke „Künstler". Bei Bekannteren geht es auch darum, wie sehr man als Kritiker in der Lage ist, sich von der Marke des Künstlers zu entfernen und einen ungetrübten oder frischen Blick auf das Werk zu haben. Aber manche Ausstellungsrezensionen beschäftigen sich mit Prozessen und Projekten, die nicht so klar als Objekt oder Ding vorhanden sind.

Markus Schwander Wo es mir immer ein bisschen komisch wird, ist, wenn ich nicht weiß, ob die biographischen Angaben von der/dem KünstlerIn auch so gewollt sind. Einmal ist mir in einem Katalog von zwei Künstlern aufgefallen, dass dort explizit erwähnt war, sie seien katholisch aufgezogen worden, was sie vermutlich auch gewollt haben. Trotzdem war ich erstaunt und dachte, man hängt ihnen da jetzt etwas an mit einer Religionszugehörigkeit, die nichts mit ihrem jetzigen Leben zu tun hat.

Lioba Reddeker Ein wichtiger Punkt ist die Transparenz von Wissensquellen! Es sollte klar sein, woher eine Aussage kommt. Häufig ist es nicht zu erfahren, ob die Autorin oder der Autor etwas recherchiert, Künstler etwas erzählt haben oder die Info vielleicht sogar aus älteren Ausstellungsbeschreibungen stammt. Wenn Fakten hingestellt und interpretiert werden, sollte im Idealfall auch nachvollziehbar werden, woher die Information dazu kommt. Ich fände es besser, wenn aufschlussreiche Formulierungen gewählt werden, um das Beispiel fortzuführen: Und die Künstlerin legt Wert darauf, festzustellen, dass... statt: Die Künstlerin ist katholisch aufgewachsen!

Auf den folgenden Seiten lesen Sie die ins Deutsche übersetzten Beiträge zum Thema Kunstkritik aus **frieze** No.100, erschienen im August 2006: Fachartikel, Dialoge, Diskussionen, Interviews, Statements, Essays, Polemiken und viele Literaturhinweise. Für diese Möglichkeit der Integration dieser Texte in das ACA Lesebuch möchten wir den **frieze** HerausgeberInnen sehr herzlich danken!

# Schreibt weiter!

*Anlässlich der hundertsten Ausgabe von* frieze *feiern wir Freud und Leid des Kritikers*

**von Dan Fox, Jörg Heiser, Jennifer Higgie und James Trainor**

## Dan Fox

Ich bin oft überrascht wie viele Menschen, die selbst nicht schreiben, annehmen, dass Schreiben so unkompliziert sei wie Sprechen. Jedes mal wenn ein Stammtischbruder unterstellt, das Leben eines Schreiberlings sei ein Kinderspiel, bitte ich ihn sich vorzustellen, wie er sich fühlen würde, wenn jedes von ihm gesprochene Wort über den halben Globus, zu X-tausenden Menschen getragen würde, und es keine Möglichkeit gäbe, dieses Wort zurückzunehmen. Schreiben ist ein hartes Geschäft, und nicht zuletzt dann, wenn so etwas dabei herauskommen soll wie ein Leitartikel.

Bis vor ungefähr 18 Monaten hat es bei *frieze* nie einen gegeben. Ein Magazin ist das Ergebnis vieler Stimmen, weil jedoch diese Meinungen auch eine physische Manifestation erhalten – gebundene Seiten, vereint durch ein gemeinsames Design - werden sie fälschlicherweise oft als singuläre Einheit betrachtet. (Deshalb ist dieser Artikel soooo typisch *frieze*.) Einen Leitartikel zu schreiben, ist so ähnlich wie am Schulsporttag deine Klasse vertreten zu müssen; machst du es gut, bist du der Held, vermasselst du es, wird niemand mehr mit dir reden. Egal, was für zweifelhafte Gründe Laberer von sich geben, warum sie nie Kunstmagazine lesen (normalerweise beschweren genau diese sich zuerst, wenn über sie etwas Negatives in – jawohl – Kunstmagazinen geschrieben wird), regelmäßige gedruckte Kommentare über das Schaffen in Kunst und Kultur sind ein ernsthaftes Unterfangen.

Nachdem *frieze* acht Mal im Jahr herauskommt, hält es sich dann jeweils für ein bis zwei Monate in den Regalen versteckt. Durch dieses Erscheinungsintervall ergibt sich die Zeitnähe eines Leitartikels aus der Gratwanderung zwischen zwingender Aktualität und angemessener Distanz bei dem gleichzeitigen Versuch, nicht in Plattitüden zu verfallen.

Wie kann man mitten im Getümmel stehen und gleichzeitig den Überblick bewahren? Und falls diese angebliche „Krise in der Kritik" besteht, warum gab es dann in den letzen Jahren solch eine gewaltige Vermehrung der Printmedien, die sich mit Kunst befassen?

### James Trainor

Meine Güte, das ist sooo *frieze* von Dir, Dan! Ich glaube, dass diese Ergüsse über die Kunst so wuchern, ist nur ein Indikator für die gewaltige Vermehrung von absolut allem; der Kunstvermittlung, dem Schaffen, Verkaufen, Verteilen, Interpretieren, der Wahrnehmung und dem Konsum von Kunst – die ganze überhitzte Maschinerie der kulturellen Produktion, die die kunstnahe Verlagslandschaft von vor 30 Jahren so altbakken aussehen lässt wie einen Mimeographen. Als David Byrne von den Talking Heads 1985 davon trällerte, dass in der Zukunft zu viel passieren würde, als dass der Einzelne auf dem Laufenden bleiben könnte, schien dies eine lustige Distrophie in einem Popsong zu sein. Jetzt klingt es wie eine grobe Untertreibung. Soweit es das Schreiben über Kunst betrifft, ist das Internet zum großen Demokratisierer der Meinungen geworden und dies, obwohl die gleichen Technologien anderswo die Aufmerksamkeitsspanne verkürzen und eine Flut von brabbelndem Blog-Gefasel, in dem sich Tratsch als Inhalt verkleidet, gefördert haben. (Ich amüsiere mich immer über Amazons muntere Frage „Möchten Sie die erste Rezension dieses Buches erstellen?") Ist die Kunstkritik durch Konsumenten denn weit davon entfernt? Deshalb betrachte ich eine solche altertümliche und abstruse Idee wie eine Leitartikel-Seite als eine Oase. Für mich wird das Ur-Modell eines Leitartikels immer der anonym verfasste „Talk of the Town" im Magazin *The New Yorker* bleiben, wie es ihn in der Ära vor Tina Brown gab, denn er gab einem das Gefühl, einen Freund zu haben, dessen Meinung man respektiert, auch wenn man sie nicht immer teilt. Er war niemals platt oder unfreundlich und immer scharfsinnig genug, um den Zeitgeist anzudeuten, ohne ihn zu sehr festzulegen. Wenn man Paul Auster fragte, warum er schreibe, antwortete er immer, dass sobald man einen Stift lange genug in der Jackentasche trage, man früher oder später auch versucht sei diesen zu benutzen. So fühle ich mich, wenn es um die schwerwiegende Verantwortung des Leitartikels geht. Wenn man sich entschließt, ein Blatt zu reservieren, um darauf eine Überzeugung, Ahnung oder auch einen Verdacht mitzuteilen, dann wird man es wahrscheinlich auch füllen. Hoffentlich weise.

## Jörg Heiser

Bei vielen herrscht die Überzeugung, die Ahnung und der Verdacht, die gedruckte Kritik sei eine Mischung aus Neid und Eitelkeit – von Leuten, die ihre kleinen, von Konkurrenzdenken gespeisten Interessen durchsetzen wollen. Darum haben der *New Yorker* – oder das wöchentliche Nachrichtenmagazin *Der Spiegel* in Deutschland – anonym verfasste Kritiken veröffentlicht, um die Autorität des Magazins zu wahren. Einer der Gründe warum beide schließlich Verfasserangaben einführten war, dass sie den Lesern die Möglichkeit geben wollten, einzelne Individuen für deren Meinung zur Rechenschaft zu ziehen. Und der Punkt ist wirklich, dass sogar inmitten der eklatantesten Art von Eitelkeit, Neid und Gier jeder Kritiker, der Aufmerksamkeit verdient, um Verantwortlichkeit bemüht ist. Das bedeutet, dass nicht nur die Fakten richtig recherchiert sind, sondern dass die Annahmen auf denen ein Argument beruht, jederzeit und immer überprüft werden können. Es ist die Forderung nach Verantwortlichkeit – dass das, was man schreibt einen nachvollziehbaren Bezug zur Realität hat – die einen beim Schreiben manchmal durch die Hölle gehen lässt (bin ich fair, bringe ich es wirklich richtig rüber?) Hier drücke ich meine inbrünstige Hoffnung aus, dass manche Autoren, die ihre kleinen, von Konkurrenzdenken gesteuerten Interessen verfolgen, indem sie die eine Sache hochloben mittels der Verunglimpfung einer anderen, durch ihre eigene Falle zum Fall gebracht werden.

## Jennifer Higgie

Ich stimme dem oben Geschriebenen gänzlich zu und fühle ebenso. (Vielleicht ein Argument für die Stimme von *frieze*?) Dans Irritation über die Unterstellung des Stammtischbruders, das Leben eines Autors sei leicht, (ha! – wie viele von den Menschen, die nicht schreiben, kennen das Gefühl, wenn man acht Stunden geschrieben hat und dann 200 Wörter WENIGER hat als am Morgen?) schlägt eine bestimmte Saite in mir an; sie erinnert mich an die Beobachtung Thomas Manns „Ein Schriftsteller ist ein Mensch, dem das Schreiben schwerer fällt als anderen Leuten“. James' Beschreibung des *New Yorker* als einen Freund, dessen Meinung man respektiert, auch wenn man sie nicht immer teilt, ist sicherlich etwas, wonach wir alle hier bei *frieze* demütig streben. Es ist jedoch Jörgs prägnante Ausführung über die notwendige Hölle der Verantwortlichkeit, die ich am tiefsten nachempfinden kann. So geht es wohl jedem Autor, wie erfahren auch immer er sein mag, dem schon mal ein wenig schwindlig wird, wenn die druckfrischen Magazine auf der Schwelle liegen, und er mit zitternder Hand zu dem Text durchblättert, den er so alleine und zu später Stunde geschrieben hat und nun im harten Tageslicht sieht. Diese Angst vor Veröffentlichung ist das Paradoxon, an dem jeder Autor leidet: Schreiben ist eine hochgradig private Angelegenheit, die der Öffentlichkeit bedarf.

Dies ist die 100ste Ausgabe von *frieze*; in den vergangenen 15 Jahren haben einige der besten Kunstautoren und Autoren der zeitgenössischer Kultur uns erlaubt, ihre Meinungen, Irritationen, Lieben, ihren Abscheu und ihre Exkursionen in die Fantasie zu drucken. Sie haben über die Werke hunderter Künstler, Musiker, Theoretiker und Historiker reflektiert, haben erläutert, analysiert, gelobt und verrissen – und ohne sie hätten wir kein Magazin. Wenn diese Ausgabe jemandem gewidmet ist, dann sicherlich ihnen.<

*Dan Fox ist Mitherausgeber, Jörg Heiser und Jennifer Higgie sind Co-Redakteure und James Trainor ist US Redakteur von* frieze

# A Desk Job

## Criticism is the chance to start a conversation about things that matter

**by Robert Storr**

efore, to
I write, I us
t try hard t
at embedded
ity that takes
anted, and is
of identity's
disparate
nents. Sort-
gments are
ther than
intelligence
etite. Never
ord, only

ruggles in the studio, and my appren-
eship was complete.
It may help to explain how I ap-
oach art writing. In all that has been
id in the last decades about 'the
bject' and its contingency and about
tistic 'aura' and its loss, it is striking
me that we so seldom learn anything
out the author of such theories or
eir personal experiences of the world
the works they choose to analyse. At
y rate, seldom do we learn it from the
thor him- or herself. Rather, in the
e where the 'universal' has suppos-
ly been deconstructed, the reader is
vertheless most often addressed in a
utral – shall we call it post-Structur-
st? – though often mannered voice
at implies that what is being said is

opinion, but also in th
he may find pleasure or
and reason, therefore, t
with me. When I write
he first person yet try h
er understand that emb
text is a personality tha
bout itself for granted,
being reminded of iden
esponsiveness to dispa
ns and temperaments.
this variety, judgment
n no authority other th
lert, improvising intelli
but exigent appetite.
to have the last word, o
to start a conversation
matter with anyone po
ciprocal hunger for im

# Ein Deskjob

*Kunstkritik bietet die Gelegenheit, eine Konversation über wesentliche Dinge zu beginnen*

**von Robert Storr**

Ich mache das nun schon seit über einem Vierteljahrhundert – fast mein halbes Leben. Ein ernüchternder Gedanke! Und üblicherweises habe ich es so getan wie jetzt, nebenher. Als ich jünger war, war Schreiben eine Methode, Dampf abzulassen, wenn ich von Ausflügen in die Kunstwelt nach Hause kam, angeregt von hitzigen Debatten auf Galerieeröffnungen, bei Abendessen oder in Bars. Seit der Geburt unserer Töchter schreibe ich am frühen Morgen, meiner liebsten Tageszeit seit ich als Teenager in Chicago die Sonntagsausgabe der *New York Times* verkauft habe. Das Leben nimmt den größeren Teil der restlichen Zeit in Anspruch, aber Schreiben ist, obwohl es schwierig ist, „Freizeit" – ein Zeitraum, der vom Fluß der Gedanken und vom Rhythmus der Worte bestimmt wird.

Meine erste „New Yorker" Kritik war ein Leserbrief an die *Village Voice*, in dem ich gegen die Beurteilung der Philip Guston Retrospektive 1980 durch den Kritiker Peter Schjeldahl protestierte. Trotz meiner Vorhaltungen gewann ich dadurch die Freundschaft des stilistisch besten Schreibers der Stadt und wurde von ihm zudem auch Betsy Baker, der aufgeschlossensten Redakteurin, vorgestellt. Durch sie habe ich das erste Mal regelmäßig in *Art in America* veröffentlicht. Sie gab mir auch das penible Lektorat, das nötig war, um meinen jugendlichen Eifer zu zähmen, in dem ich meine Ideen darlegte, noch bevor die Arbeit, die meine Gedanken in Bewegung gesetzt hatte, ausreichend beschrieben war. Diese Lehrzeit dauerte einige Jahre, bevor sich die nächste Reihe von Türen öffnete – zu Katalogen, Vorträgen und anderen Zeitschriften. Kurz gesagt, bevor das Schreiben die Ausstellungsaufbauten ersetzte und ich ‚professionell' wurde.

Vor all dem gab es einen Zeitraum – von den späten 1960ern bis zu den späten 1970ern –, in dem ich alle sechs Monate nach New York reiste, um in Gesellschaft einer Frau von Welt meine Runden durch Galerien, Museen und Parties zu machen. Eine entfernte Verwandte – mein Tantchen Mame – war mit Gertrude Stein befreundet gewesen und eine der privilegierten aber unabhängigen Figuren, die in den 1930ern und 1940ern dabei geholfen haben, den internationalen Modernismus in Amerika einzuführen. Meine ‚Prüfungen' zu den Kunstgeschichtelektionen, die sie mir gab, bestanden aus Dankesbriefen mit Berichten über alles, was sie mir gezeigt hatte, von Paul Cézanne bis zu Robert Ryman, von Pablo Picasso zu Anthony Caro, von Joaquin Torres-Garcia zu Eva Hesse. Ergänzt durch gelegentliche Aufträge als Assistent bei Wandmalereien von Künstlerinnen und Künstlern so verschieden wie David Alfaro Siqueiros und Dorothea Rockburne und meine eigenen Bemühungen im Atelier, war meine Ausbildung komplett.

Vielleicht hilft es, wenn ich meinen Zugang zum Schreiben über Kunst erkläre. Es ist auffallend, dass wir in all den Kommentaren der letzten Jahrzehnte über „das Subjekt" und seine Kontingenz und über die „Aura" von Kunst und deren Verlust selten irgendetwas über die AutorInnen solcher Theorien erfahren, oder über ihre persönlichen Erfahrungen der Welt oder der Arbeiten, die sie zum Objekt ihrer Analyse machen. Wie dem auch sei, wir erfahren dies selten vom/der AutorIn selbst. Vielmehr wird die/der LeserIn, in einem Zeitalter, in dem das „Universelle" vermeintlich dekonstruiert ist, zumeist in einem neutralen Ton – oder soll ich es einen post-strukturalistischen Ton nennen – angesprochen. Und dies, obwohl der artifizielle Tonfall impliziert, dass das Gesagte kategorisch wahr ist, ohne dass die/der SprecherIn viel von ihrer/seiner tatsächlichen Erfahrung preisgibt, ganz entgegen der floskelhaften Anerkennung unterschiedlicher Leseerfahrungen.

In den 1980er Jahren bemerkte Schjeldahl in einem säuerlich-scherzhaften Einzeiler: „Ein Text ist ein Wälzer, der von niemandem geschrieben wurde und von niemandem gelesen werden soll." Wenn das leichtfertig klingt, möchte ich daran erinnern, dass der Autor von *The Pleasure of the Text* sagte, „Der Text, den du schreibst, muss beweisen, dass er mich begehrt". Erklärungen von Begehren sind untrennbar mit Erklärungen von Verletzlichkeit verbunden. Im Gegenzug sind sie Zugeständnisse der Bedürfnisse und Beschränkungen des/der Schreibenden. (In Barthes' Formulierung lesen wir, um von einem „anderen" Bewusstsein verführt zu werden, und schreiben, um Aufrisse zu machen, zu verhandeln und einer „anderen" Sensibilität näher zu kommen.) Und wenn man, mit Baudelaire, sagt, dass Kritik „parteiisch, leidenschaftlich und politisch" sein soll, bedeutet „parteiisch" mehr als Parteinahme. Der Ausdruck bekennt sich zugleich, trotz der Unmöglichkeit alles zu wissen, zur kompromisslosen Verteidigung des Rechts, im eigenen Namen Urteile zu fällen, beruhend auf der eigenen, notwendigerweise unvollständigen, Perspektive.

Indem ich also beim Schreiben auf meine „Education Sentimentale" zurückgreife, richte ich mich – wie in den Briefen, die ich an meine Kunstweltmentorin schickte – immer an jemanden, auch wenn diese Person nicht beim Namen genannt wird und mir selbst vielleicht nur als ersehnte/r GesprächspartnerInnen bekannt ist. Wenn ich schreibe, beschreibe ich das Gesehene immer im Detail, nicht nur um seinem Schöpfer gerecht zu werden oder den LeserInnen Vertrauen in meine Meinung zu geben, sondern auch in der Hoffnung, dass diese Lust- oder Unlusterfahrungen mit mir teilen und daher einen Grund haben, Zeit mit mir zu verbringen. Beim Schreiben vermeide ich normalerweise die erste Person, aber ich bemühe mich, meine LeserInnen wissen zu lassen, dass hinter dem Text eine Persönlichkeit steht, die viele Aspekte ihrer selbst kontinuierlich hinterfragt und durch ihre Empfänglichkeit für die unterschiedlichsten künstlerischen Formen und Temperamente ständig an die Offenheit von Identität erinnert wird. Wenn beim Sortieren dieser Vielfalt Urteile getroffen werden, beruhen diese jedoch auf keiner anderen Autorität als der einer wachen, improvisierenden Intelligenz und eines leidenschaftlichen aber anspruchsvollen Wissenshungers. Ich möchte niemals das letzte Wort haben, sondern suche vielmehr Gelegenheiten, eine Konversation über wesentliche Dinge mit jedem zu beginnen, der einen vergleichbaren Hunger nach Bildern und Ideen hat. Kunstkritik ist der ungeschützte Austausch geistiger Flüssigkeiten.<

*Robert Storr ist Kunstkritiker, Kurator und Dekan der Yale School of Art. Er ist der Direktor der Venedig Biennale 2007.*

# Dear Reader ...

**by Brian Dillon**

wholly unknown quantity.
: – *The Best American Magazine* 2005 – is one of those satisfying, anthologies put out annually dustry that, in the US at least, self among its upper echelons tain attention to literary quality. s no equivalent tradition in nor a sense that mainstream e stories could stand antholo- And the quality is certainly Seymour Hersh's *New Yorker* n Abu Ghraib or Jed Perl's take on the redesigned Mu- Modern Art. But the book also s the central, and crippling, magazine life. As Nicholas phrases it in his introduction: od magazine creates a little ion around itself.' ccessful magazine, so received has it, invents its readership: s a constituency nobody knew re. But what to do with your erie once you've conjured it into As Lemann acknowledges, 'a e has to be familiar and new at e time': you have to keep ng your readers of that first

has it, invents its readership: s a constituency nobody knew re. But what to do with your erie once you've conjured it into As Lemann acknowledges, 'a

w days later two books arrived rm the suspicion that a great e is one for which its reader- wholly unknown quantity. t – *The Best American Magazine* 2005 – is one of those satisfying, anthologies put out annually dustry that, in the US at least, tself among its upper echelons

w days later two books arrived rm the suspicion that a great e is one for which its reader- wholly unknown quantity. t – *The Best American Magazine* 2005 – is one of those satisfying, anthologies put out annually dustry that, in the US at least, tself among its upper echelons tain attention to literary quality. s no equivalent tradition in nor a sense that mainstream e stories could stand antholo- And the quality is certainly Seymour Hersh's *New Yorker* n Abu Ghraib or Jed Perl's take on the redesigned Mu- Modern Art. But the book also es the central, and crippling, f magazine life. As Nicholas n phrases it in his introduction: ood magazine creates a little ion around itself.' ccessful magazine, so received

The first – *The Best American Magazine Writing 2005* – is one of those satisfying worthy anthologies put out annually by an industry that, in the US at least, prides itself among its upper echelons on a certain attention to literary quality. (There is no equivalent tradition in Britain, nor a sense that mainstream magazine stories could stand anthologizing.) And the quality is certainly there, in Seymour Hersh's *New Yorker* essays on Abu Ghraib or Jed Perl's waspish take on the redesigned Museum of Modern Art. But the book also embodies the central, and crippling, cliché of magazine life. As Nicholas Lemann phrases it in his intro 'every good magazine creates civilization around itself.'

A successful magazine, so received wisdom has it, invents its rea it corrals a constituency nobo was there. But what to do with your

A great magazine is one which invents its own readership

by an industry that, in the US at least, prides itself among its upper echelons on a certain attention to literary quality. (There is no equivalent tradition in Britain, nor a sense that mainstream magazine stories could stand anthologizing.) And the quality is certainly there, in Seymour Hersh's *New Yorker* essays on Abu Ghraib or Jed Perl's waspish take on the redesigned Museum of Modern Art. But the book also embodies the central, and crippling, cliché of magazine life. As Nicholas Lemann phrases it in his introduction: 'every good magazine creates a little civilization around itself.'

to confirm the suspicion that a great magazine is one for which its readership is a wholly unknown quantity. The first – *The Best American Magazine Writing 2005* – is one of those satisfying worthy by an i prides on a ce (There Britain magazi gizing. there, i

essays on Abu Ghraib or Jed Perl's waspish take on the redesigned Mu- But the book also , and crippling, e. As Nicholas his introduction: creates a little civilization around itself.'

A successful magazine, so received s it, invents its readership: constituency nobody knew But what to do with your e once you've conjured it into Lemann acknowledges, 'a magazine has to be familiar and new at the same time': you have to keep reminding your readers of that first

prospect entirely: an essay entitled 'Host' – a profile of a talk-radio presenter, written for the venerable *Atlantic Monthly* – is an unruly mass of appended text-boxes: blankly technical or fanciful footnotes that threaten to take over the story itself. He doesn't, of course, always manage to smuggle this stuff past his editors, but when he does, you have the reassuring sense that you, the reader, have become quite immaterial.

Magazine readers have always been, from the point of view of writers and editors, a ghostly sort of crew. In 1711 Joseph Addison, co-auth ard teele of *The Spectator*, to n anecdote in which, Ir Spectator', he fin n, sitting in a glo roup of women stories by the fi a woman tur if he does The stor elationship b invisible audie old that *The Spectator* a day; but each copy is There are there rs of whose ence: he has nto the darkness, always as if addressing his readers for the first tir

magazine where, precisely? Dedicated, I think, to its own untimeliness; to ignoring, where necessary, everybody else's

# Lieber Leser ...

*Ein bedeutendes Magazin ist eines, das sich eine eigene LeserInnenschaft erfindet*

**von Brian Dillon**

Für diejenigen unter uns, die süchtig nach Magazinen sind – am frühen Morgen weckt uns der Traum die perfekte Zeitschrift gegründet zu haben, in der alle Größen der Branche mitarbeiten – ist die unwiderstehlichste Publikation eine, die noch nicht existiert. Sie ist die stilvolle Summe der Offenbarungen, die wir erleben, wenn wir in unbekannten Zeitschriften zufällig auf etwas stoßen, das alles verändert, sei es ein Gegenstand, eine Idee oder ein Mensch. Aber wer wollte ein solches Kompendium der Überraschungen lesen?

Kürzlich, es war während eines Treffens mit einem jungen begabten kapitalkräftigen Herausgeber, wir sprachen über seine Pläne für ein neues Magazin, wurde mir plötzlich klar, dass wir eigentlich einem Phantom nachjagen. Ich hatte die Vorstellung, er, ein sorgfältiger und großzügiger Herausgeber, würde mir, dem gelehrten geistreichen Schriftsteller (ich begann offenkundig den Drink zu spüren), ermöglichen, über alles, wirklich alles zu schreiben. Ich würde ausgesandt, ich träumte dabei von Walter Benjamin und Joan Didion, mir die abgelegensten Themen vorzunehmen, die ich finden konnte. Deadlines konnten einfach verschoben, die Texte beliebig ausgeweitet werden, wir würden uns einen blendenden Ruf erwerben. Später, bereits etwas nüchterner, wurde mir klar, dass die pure Existenz und um so mehr der Erfolg eines solchen Magazins alleine darauf beruhen, zu keinem Zeitpunkt an die/den eigentlichen LeserIn zu denken.

Einige Tage später erreichten mich zwei Bücher, die mir den Verdacht bestätigten, dass für eine bedeutende Zeitschrift die/der LeserIn eine unbekannte Größe ist. Das erste Buch, *The Best American Magazin Writing 2005*, war eine dieser würdevollen Anthologien, die jährlich von der Magazinbranche veröffentlicht werden, die, in den

USA zumindest, ab einem gewissen Rang großen Wert auf literarische Qualität legt (in Großbritannien gibt es keine vergleichbare Tradition und auch nicht die Vorstellung, dass Zeitschriftenartikel es verdienen, in Anthologien veröffentlicht zu werden). Und diese Qualität gibt es wirklich, sei es in den Artikeln von Seymour Hersh über Abu Ghraib im *New Yorker* oder in der beißenden Kritik von Jed Perl am Umbau des New York Museum of Modern Art. Aber die Anthologie verkörpert auch das zentrale lähmende Klischee des Magazinbetriebs. Wie Nicholas Lemann in seiner Einleitung sagt: „Jede gute Zeitschrift erschafft um sich herum eine kleine Zivilisation".

Eine erfolgreiche Zeitschrift, so die gängige Meinung, erfindet sich eine LeserInnenschaft, von der vorher niemand wusste. Aber was macht man dann mit diesem exklusiven Zirkel, den man sich erfunden hat. Lehmann schreibt: „Eine Zeitschrift muss vertraut aber gleichzeitig auch immer neu wirken". Man soll die/den treue/n LeserIn immer an das Gefühl des ersten „Flirts" erinnern, auch dann, wenn sich in der Beziehung schon eine häusliche Routine eingestellt hat. Doch an diesem Punkt setzt in gewisser Weise der Niedergang ein. Man hat begonnen, die Erwartungen der LeserInnen vorherzusehen, oder, schlimmer noch, man beginnt ihre Vorlieben zu befriedigen: Ihre verständliche Präferenz für Information gegenüber Stil, ihre Freude an Klatsch, ihre Ungeduld mit schwerlesbaren Schrifttypen.

Unleserlichkeit ist aber die einzige wirkliche Hoffnung, wenn man das Ideal einer immer neuen und stets überraschenden Zeitschrift verwirklichen will. Das zweite Buch, das mich erreichte, war die jüngste Sammlung der Magazinbeiträge von David Foster Wallace, *Consider the Lobster* (2005), dessen spielerische Prosa – besonders in seinem großen Roman *Infinte Jest* (1996) – gleichermaßen Bewunderung und Ablehnung hervorgerufen hat. Er beherrscht das Handwerk einen dieser großen amerikanischen Zeitschriftenbeiträge souverän zu verfassen. Der Titelessay des Buches ist dafür ein Paradefall. Es handelt sich um den Bericht für *Gourmet Magazine* über das Maine Lobster Festival, der zunächst der Notwendigkeit gerecht wird, das ganze Lokalkolorit zu beschreiben, um dann in eine vielschichtige Reflexion über die ethischen Implikationen des Kochens von Schalentieren bei lebendigem Leibe überzugehen. Im Extremfall kann uns Foster Wallace aber ganz anders entgegentreten: so im Essay *Host*, dem

Portrait eines Sprechfunkmoderators, verfasst für das renommierte Magazin *Atlantic Monthley. Host* enthält eine widerspenstige Ansammlung von angehängten Textkästchen, Fußnoten, teilweise verblüffend technisch, teilweise aber auch ausgesprochen fantasievoll, die immer wieder den eigentlichen Text zu überwuchern drohen. Foster Wallace schafft es natürlich nicht oft, solche Texte am Herausgeber/an der Herausgeberin vorbeizuschmuggeln, wenn es ihm aber gelingt, hat man als LeserIn das beunruhigende Gefühl, ziemlich unwesentlich zu sein.

Nach der Ansicht der AutorInnen und HerausgeberInnen waren ZeitschriftenleserInnen immer eine etwas geisterhafte Gruppe. Im Jahre 1711 erzählte Joseph Addison, Co-Autor von Richard Steele bei *The Spectator*, seinen Lesern eine Anekdote in der er, in Gestalt von Mr. Spectator, in einer dunklen Ecke in einer Kneipe sitzt, während eine Gruppe von Frauen sich beim Feuer Geistergeschichten erzählt. Am Ende einer Geschichte dreht sich eine Frau zu Addison um und fragt, ob er denn nicht auch ein wenig wie ein Gespenst wirke. Die Geschichte handelt eigentlich von der Beziehung zwischen dem Autor und seinem unsichtbaren Publikum: Man berichtete Addison, dass jedes der täglich 3.000 verkauften Exemplare des *Spectator* von zumindest zwanzig Menschen gelesen würde. Es gab also 57.000 PhantomleserInnen, für deren Existenz er über keinen wirklichen Beweis verfügte. Daher musste er immer ins Ungewisse schreiben, jedes Mal so, als ob er die/den LeserIn zum ersten Mal anspreche.

Was bedeutet das für Magazine, die über einen längeren Zeitraum bestehen? Sie sind, glaube ich, verpflichtet, unzeitgemäß zu sein. Sie müssen, dort wo es notwendig ist, den Zeitgeist ignorieren, in dem Sinn, dass Erwartungen da sind, um enttäuscht zu werden und der/die LeserIn jemand ist, von dem/der geträumt werden kann, an den/die aber nicht geglaubt werden soll.<

*Brian Dillons Lebenserinnerungen*
In the dark Room, *erhielt 2006 den*
*irischen Buchpreis im Bereich Sachbuch.*

to feel that it is
ng blind, while

*Middlemarch* (1872)

oy, the former
or of the cult
ovel *The Heart*
*gs* (2002),
ation of the
Albert. At the
e author of
*A Million Little*
ly humiliated
of his suppos
le. The gener
all members,
en it comes to
heless it should
oes not pos-
and there is no
n by playing on
at someone is
n it.
authors was
rhaps the main
both books
f 'therapy lit', in
nization are the
otagonist's a
adding to (an
elming) the
shments. Cer-
nconventional
ug and alcohol
painful journey
a massive
cess, and in late
ltimate publish-
med an Oprah's
America's most

oth authors had
own personal

# Faking It

How important is the truth when it comes to literary autobiography? **by George Pendle**

# Geschichten erzählen

*Welchen Stellenwert hat die Wahrheit in der literarischen Autobiografie?*

**von George Pendle**

*„Es schmerzt zu hören, dass etwas sehr gut sein soll, wenn man selbst nicht spüren kann, dass es gut ist – ungefähr so, wie blind zu sein, während andere über den Himmel reden."*
*George Eliot,* Middlemarch *(1872)*

Letztes Jahr wurde J.T. LeRoy, der ehemalige Strichjunge und Verfasser des semi-autobiografischen Kultromans *The Heart is Deceitful Above All Things* (2002, Jeremiah), als die Erfindung der 40jährigen Schriftstellerin Laura Albert entlarvt. Zeitgleich wurde James Frey, der Autor des Memoirenbestsellers *A Million Little Pieces* (2003, Tausend kleine Scherben), öffentlich beschuldigt, Teile seiner angeblich autobiografischen Erzählung erfunden zu haben. Die breite Öffentlichkeit, der wir ja alle angehören, ist, wenn es um Kunstkritik geht, eine schlummernde Bestie. Man sollte dennoch keinesfalls annehmen, dass sie über kein kritisches Vermögen verfügt, und es gibt keinen besseren Weg zum sicheren Aufruhr als ihre größte Angst anzustacheln – die Angst, von jemandem betrogen zu werden.

Die beiden Autoren wurden umgehend und lautstark veruteilt. Der Hauptgrund dafür war vielleicht, dass beide Bücher Musterexemplare von 'Therapieliteratur' sind, zu deren hervorstechenden Kennzeichen es gehört, dass der Protagonist und Verfasser verschiedenen Lebensumständen und Ereignissen zum Opfer fällt, welche die literarischen Errungenschaften des Buchs aufbessern (und, wie manche behaupten würden, in den Schatten stellen). Freys Buch, ein unkoventioneller Bericht des Drogen- und Alkoholmissbrauchs des Autors und seines langsamen und schmerzhaften Weges aus der Abhängigkeit, war eindeutig ein riesiger Erfolg bei Publikum und Kritik – Ende 2005 wurde es von Amerikas populärster Talkshow-Moderatorin, Oprah Winfrey, in ihren Book Club aufgenommen, eine im Verlagswesen äußerst angesehene Auszeichnung.

Die Enthüllung, dass beide Autoren die tiefsten Abgründe ihrer persönlichen Höllen erfunden hatten – in Freys Fall, indem er Details seiner unangepassten Jugend übertrieb, und in LeRoys Fall dadurch, dass die Person des Autors gar nicht existiert – schien sie als nichts anderes als asoziale Karrieristen bloßzustellen, die mit ihrer üblen Vergangenheit protzen. Aber in den größten Zeitungen wie auch in den gemeinsten Internet-Blogs diskutierte die „Populärkritik", wie wir sie nennen könnten, schwerwiegendere Probleme als Eitelkeit und beschuldigte die Autoren, nicht nur einen unreifen Streich gespielt, sondern sich insgesamt zutiefst unethisch verhalten zu haben.

Was Frey betrifft, befand man sein Vergehen für dermaßen schwerwiegend, dass für einen Moment die Welt ziemlich aus den Fugen geriet. Oprah Winfrey, die mütterliche Erlöserin, die unter der Woche allmorgendlich damit beschäftigt ist, Mißhandelten und sich selbst schlecht Behandelnden gleichermaßen mitfühlende Ratschläge zu geben, wandte sich nun gegen ein Individuum, das eigentlich erlösungsbedürftig wäre, und warf ihm vor, sie „angelogen" zu haben. Und so kam es, dass Frey sein Golgotha schließlich weder in der Gefängniszelle noch im Krankenhausbett fand, von denen er in seinem Buch berichtet hatte, sondern vielmehr im Glimmen eines Fernsehgeräts, in dem um 9 Uhr morgen das Tagesprogramm läuft. Selbst die Hölle kennt keine, mit der einer sich für dumm verkauft fühlenden Öffentlichkeit vergleichbare Wut.

Die Kunstwelt ist mit der von Frey und Le Roy ausgelösten Panik eher vertraut. Sie spukt hier in den Köpfen des Pöbels herum, seit sich 1863 im „Salon des Réfusés" die Avantgarde formierte. Das Gefühl, dass die/der BetrachterIn an der Nase herumgeführt wird, ist in der Tat grundlegend für die Auseinandersetzung der Populärkritik mit der modernen und zeitgenössischen Kunst. Besonders anschaulich wird dieser Aspekt der Volkskritik in der allzu bekannten Beschwerde, dass „jedes Kind das gemalt haben könnte"– ein komplexerer Urteilsspruch als üblicherweise wahrgenommen wird. Indem er Kunst mit zufälligem und unvermitteltem Gekritzel vergleicht, spricht die/der

PopulärkritikerIn der Kunst jegliches intellektuelle Gewicht ab und bewertet sie ausschließlich aufgrund der unmittelbaren emotionalen Reaktion, die er daraus gewinnt. Darüber hinaus beharrt die/der PopulärkritikerIn immer noch starrsinnig auf Virtuosität, während die moderne und zeitgenössische Kunst längst dem konzeptuellen Aspekt einer Arbeit mindestens ebenso viel, wenn nicht mehr Bedeutung beimisst als seiner technischen Ausführung.

Marcel Duchamp, der als erster die der Populärkritik innewohnende Feindseligkeit zu umwerben und auszunützen wusste, zeigt dieses falsche Verständnis auf, wenn er sagt: „Seit Courbet meint man, die Malerei wende sich ausschließlich an die Retina – ein allgemeiner Irrtum. Der optische Schauder! Vorher hatte die Malerei ja auch andere Funktionen, sie war religiös, philosophisch oder moralisch ausgerichtet." Man fragt sich, ob die Volkskritik diese eher intutitive Haltung auch dann einnehmen würde, wenn im späten 19. Jahrhundert nicht ein Boom öffentlicher Kunstinstitutionen stattgefunden hätte. Viele Leute meinen, dass sie klarerweise betrogen werden, wenn sie keinen „optischen Schauder" empfinden. Duchamps „Fountain" wurde zunächst ja auch als schlechter Scherz abgelehnt, als sie bei der „American Society of Independent Artists" eingereicht wurde (1917).

Was heißt es, wenn wir Geschichten nur dann schätzen, wenn sie ‚wahr' sind? Bedeutet das, dass wir die Fähigkeit verlieren, unsere Skepsis erst einmal in Schwebe zu halten, und nicht mehr jenen unentbehrlichen Vertrauensvorschuß aufbringen, der für jede intime Begegnung mit Kunst nötig ist? Nicht unbedingt, denn nicht jede Unwahrheit löst die Angst der Volkskritik aus. Wir sollten in der Tat erkennen, dass die Volkskritik, auch wenn sie erstaunlich eigenwillig ist, in ihren seltenen Äußerungen immer auch überraschend komplex ist. Im April 2006 wurde Dan Brown, der Verfasser des Bestsellers *The Da Vinci Code* (2004, Der Da Vinci-Code) – ein Thriller, der mit faktischen Bruchstücken flirtet – vom Plagiatsvorwurf freigesprochen. Man konnte den kollektiven Erleichterungsseufzer darüber, dass Browns Buch zweifellos ganz und gar erfunden ist, beinahe am Firmament widerhallen hören. Wenn es anders gekommen wäre, hätte er den Beistand des Himmels gebraucht.<

*George Pendle ist Autor und Journalist;*
*er lebt in New York.*

# Collected Writings

**Since its humble beginnings almost 200 ago, the art magazine has reflected, in w divergent forms, social, technological ar cultural developments. *Eugenia Bell* trac its evolution, and, with *Emily King,* prese a snapshot of some of the most importa publications in its history**

# Gesammelte Schriften

*Seit ihren bescheidenen Anfängen vor beinahe 200 Jahren hat die Kunstzeitschrift – in extrem unterschiedlicher Form – soziale, technologische und kulturelle Entwicklungen reflektiert.*

**Eugenia Bell**
*verfolgt diese Entwicklung.*

**1976** war gewissermaßen ein Rekordjahr für Kunstzeitschriften. Die Ausstellung „Art Press" im Londoner Victoria & Albert Museum feierte die „Kunstpresse", und *Studio International* veröffentlichte eine Sondernummer zu „Art Magazines", deren Cover ein grellrotes Fragezeichen im Sprühdosenlook zierte. Dreißig Jahre später kann die Situation der Kunstpresse vielleicht nach wie vor als fragwürdig bezeichnet werden: Kunstzeitschriften wurde kaum populäre oder wissenschaftliche Aufmerksamkeit zuteil; Zeitschriften werden nach wie vor von neuen Technologien, akademischen Launen und den schwankenden Stimmungen des Marktes geprägt; und das Feld der Kunstpresse bleibt weiterhin eine sehr vielfältige und chaotische Angelegenheit.

Die Geschichte der uns vertrauten Kunstzeitschrift ist einerseits untrennbar mit der Geschichte der Drucktechnologie verknüpft und verläuft andererseits parallel zur Entwicklung der Kunstkritik und zu aufkommenden Kunstströmungen. Im 19. Jahrhundert begannen KünstlerInnen, Verlage und DruckerInnen – von den Gewinnen aus Produktion und Verkauf von Büchern sowie preiswerten Drucken an die gebildeten Schichten angespornt – Mittel und Wege zu erkunden, ihre Reichweite zu vergrößern. Bereits im 18. Jahrhundert hatten DruckerInnen – die ungern ihre Maschinen still stehen und qualifizierte Arbeitskräfte ungenutzt lassen wollten – angefangen, neben Zeitungen und Büchern auch illustrierte Reihen und Zeitschriften zu produzieren. Zeitungen gaben nun Beilagen mit Drucken beliebter Illustrationen heraus, von denen sich einige zu hochwertigen eigenständigen Beiheften entwickelten (ein frühes Beispiel ist das 1816 gegründete *Das Kunstblatt*), die schließlich auch Kommentare integrierten. Allerdings war das Problem der Verbindung von Bild und Text drucktechnisch noch nicht ausreichend gelöst, so dass viele frühe Kunstmagazine entweder ausschließlich oder gar keine Abbildungen enthielten. Und selbst als die Techniken für Stiche und die Einbeziehung von Schrift sich verbesserten, war die Qualität der Abbildungen häufig noch dürftig bis zur Unbrauchbarkeit.

Dank der gewaltigen Fortschritte der Halbtonstichtechnologie verbreiteten sich Kunstzeitschriften im ausgehenden Jahrhundert europaweit, und im Viktorianischen Zeitalter etablierte sich, was wir heute, in all seiner Vielfalt, unter einem modernen Kunstmagazin verstehen. Zumindest in Großbritannien führten die Veränderungen der ökonomischen und sozialen Zustände, die Gründung öffentlicher Museen sowie progressive Bildungsgesetze dazu, dass mehr Menschen lasen als jemals zuvor. Um die Kunst unters Volk zu bringen und die Kunstkritik ins Leben zu rufen, musste der akademische Mantel abgelegt und den gröberen Eigenschaften des Journalismus die Tür geöffnet werden. Zeitschriften dienten nicht mehr ausschließlich der Eitelkeit von DruckerInnen und VerlegerInnen, die vom Mittelstand profitierten, sondern fielen nun in die Hände von KünstlerInnen und experimentierfreudigen HerausgeberInnen, wodurch zahllose Publikationen entstanden. Während die Diskussion um technische Reproduzierbarkeit und den Wert von Kunst schon bald genug beginnen sollte, markierte die Massenreproduktion – in Zeitschriften, Büchern und Drucken – den Beginn der visuellen Verbreitung von Populärkultur und der Demokratisierung von Geschmack. Dadurch wurde die bis heute andauernde heikle Beziehung zwischen KünstlerInnen, KritikerInnen und der

Öffentlichkeit begründet und zugleich der Boden für eine wahre Flut von Kunstzeitschriften im 20. Jahrhundert bereitet.

Die späten sechziger und frühen siebziger Jahre vielleicht ausgenommen (und aus anderen Gründen) waren für Kunstzeitschriften die ersten 40 Jahre des 20. Jahrhunderts die fruchtbarste Zeit. Als Kondensat aus allem, was ihnen hinsichtlich Kritik, Technologie und Designstandards vorausgegangen war, florierten Kunstmagazine nicht nur in Europa. Sie waren einzigartige Produkte ihrer Zeit und reagierten ebenso sensibel auf die Kriege in Europa wie auf Migration (erzwungene und freiwillige), den plötzlich finanzkräftigen Kunstmarkt und auf den Börsenkrach in den USA. Die Lebensdauer bedeutender, aber auch kleinerer künstlerischer Strömungen war von „Bewegungsorganen" abhängig; den verschiedenen „Filialen" einer Bewegung dienten Zeitschriften vor allem als Mittel zur Kommunikation und zum Ideenaustausch. Sie sicherten darüber hinaus deren Verbreitung in Europa und, was wesentlich war, nach Amerika. Es gab eine Welle strömungsspezifischer Magazine: zahllose Zeitschriften widmeten sich Dada, Futurismus und Surrealismus, Vortizismus und Konkreter Kunst, und auch sich noch in den Kinderschuhen befindende Bewegungen wie die Kinetische Skulptur und der Minimalismus hatten ihre eigenen Publikationen. Klarerweise waren viele davon nur kurzlebige Angelegenheiten. Nicht dazu verpflichtet, gleichberechtigt über die gesamte Kunstwelt zu berichten, versuchten diese Zeitschriften oft, eine künstlerische Philosophie möglichst unverfälscht zum Ausdruck zu bringen, selbst wenn manche davon aus heutiger Sicht aufgrund ihres Designs und den beschränkten technischen Möglichkeiten ziemlich konventionell wirken (seltsamerweise waren insbesondere die surrealistischen Zeitschriften merklich zurückhaltend). Keine der strömungsspezifischen Zeitschriften, um einen ehemaligen *Studio International* Redakteur zu zitieren, war jemals „an erster Stelle ein Magazin und nur an zweiter Stelle ein Kunstmagazin", dennoch litten viele vermutlich an ihrem engen Fokus. Gleichzeitig dienten andere wahrscheinlich zu gleichen Teilen als politisches Sprachrohr oder Literaturmagazin und zur Verbreitung der philosophischen wie theoretischen Überzeugungen einer bestimmten Gruppe.

Unter den zahlreichen Futuristischen Zeitschriften der 1910er und 1920er Jahre befanden sich kaum verschleierte politische Pamphlete für die Faschistische Partei, wie *Noi*, *Stile Futurista* und *Lacerba*, denen es jedoch gelang, auch einer gewissen Form von künstlerischem Auftrag nachzukommen: sie befreiten die Dichtung von ihrer Bindung an die Literatur und entwarfen wunderschön gestaltete Publikationen und innovative Schrifttypen. Die italienische faschistische Regierung war am Puls der Zeit, annektierte das äußerst angesehene (staatlich geförderte) *Bolletino d'Arte* und transformierte es zu *Le Arti* – eine inbrünstige nationalistische Publikation, die für eine „faschistische Kunstgeschichte" eintrat. Es überrascht kaum, dass in den 30er Jahren in Deutschland und Österreich vergleichbare Publikationen entstanden. Und *View*, das amerikanische surrealistische Magazin, war vermutlich eher für seinen literarischen Gehalt (es trug auch den Untertitel „Through the Eyes of Poets") bekannt denn als die Zeitschrift, die Marcel Duchamps Ruf in den USA förderte oder Künstler wie Wilfredo Lam und Isamu Noguchi beauftragte, Covers zu gestalten. George Batailles *Documents* aus den 30ern (der geistige Erbe von *Minotaure*, wenn auch entschieden weniger glatt) versammelte KünstlerInnen, SchriftstellerInnen und EthnologInnen, um am umfassenden soziologischen Projekt ihres Gründers zu arbeiten. Wie für den Futurismus, waren Texte auch für Dada, Merz und die Situationisten wesentlich, und ihre Zeitschriften schienen sich in geradezu atemberaubender Geschwindigkeit zu vermehren: *Merz*, *Z*, *La Révolutione Surréaliste*, *391* und *L'Enciclopedia*, eines der seltenen Beispiele für italienischen Dadaimus.

Design war ein hervorstechendes Merkmal – und wohl das vitalste Nebenprodukt – dieser Publikationen. Gemeinsam mit der Ablösung des handgesetzten Drucks durch maschinellen Schriftsatz und mit den Fortschritten der Offset-Lithographie, beförderten die Bedingungen im frühen 20. Jahrhundert – sich überschneidende politische wie kulturelle Aktivität, Wissenschaft und zunehmend dringlich werdende internationale Kommunikation – gewaltige Fortschritte in der Entwicklung von Schrift und Layout. Inhalte wurden in neuen Formen dargestellt, die mit Konventionen brachen und in einigen Fällen mit der gezeigten Kunst konkurrierten. In Dada-Zeitschriften erschien der Text seitwärts, in unterschiedlichen Schriftgrößen und keine Tradition war vor einer Neuinterpretation sicher – was der/dem heutigen LeserIn vielleicht kaum mehr ungewöhnlich oder besonders radikal scheint. Futuristische Zeitschriften filterten ihre Designs durch die Ästhetik des neue Maschinenzeitalters, und führende ZeitschriftendesignerInnen entwickelten neue Schrifttypen; bemerkenswert sind Enrico Prampolini von *Noi* und insbesondere das Bauhausmitglied Herbert Bayer, dessen „Universal"-Schrift in sämtlichen Publikationen der Schule verwendet wurde. Das holländische Magazin *i10* widmete sich der Synthese von Kunst, Architektur und Design und wies neben dem von László Moholy-Nagy karg gehaltenen Inneren eine Covergestaltung auf, die auf einem architektonischen Raster basierte. Wyndham Lewis' vortizistisches *Blast* war so kompliziert angelegt, dass es unmöglich war, eine/n DruckerIn zu finden, die/der die nötigen Mittel für seine Produktion bieten konnte. Am Bauhaus war Kommunikationsdesign ein fester Bestandteil der Ausbildung für alle Studierenden und Zeitschriften wie *Bauhaus* und *Offset Buch- und Werbekunst* oder die Serie *Bauhausbücher* zeugen von einem Engagement für Innovation und von der Bedeutung, die der Massenkommunikation von Idealen beigemessen wurde.

Kunstzeitschriften waren natürlich schon immer von Werbeeinnahmen abhängig. Zur Zeit der unabhängigen bewegungsspezifischen Zeitschriften blieb Werbung aufgrund mangelnder Beziehungen zu Industrie und Gewerbe oder zu Galerien häufig auf die bezahlten Anzeigen konkurrierender Zeitschriften beschränkt. Herausgeber wurden oft ziemlich unfairerweise dafür kritisiert, unter dem Einfluss von Inserenten – üblicherweise Galerien – zu stehen. Werbeeinkünfte leisten jedoch durchaus einen Beitrag zur literarischen und gestalterischen Qualität eines Magazins, während die Abonnementpreise erschwinglich bleiben. In einer von *Studio International* angelegten Zeitschriftenstudie von 1976, die auf sehr offensichtliche und teilweise unterhaltsame Art ein Produkt ihrer Zeit ist, erklärten von 68 kontaktierten Zeitschriften (eine handvoll davon staatlich, galerie- oder kunstvereinsgefördert) etwa ein dutzend – beinahe 18 Prozent – ausdrücklich, dass sie keine Anzeigen veröffentlichten: ein heutzutage unvorstellbares Verhältnis.

Zensur und Werbung sind mehrfach öffentlich aneinander geraten, am bekanntesten ist aber wohl der berüchtigte Vorfall um Lynda Benglis 1974 bei *Artforum*. Als die Herausgeber beschlossen, ein Essay über Benglis (von Robert Pincus-Witten) nicht mit dem umstrittenen Foto der Künstlerin zu illustrieren, auf dem sie nackt mit Dildo posiert, entschied diese stattdessen eine Anzeige mit dem Foto zu schalten – die von den MitarbeiterInnen der Anzeigenabteilung auch angenommen wurde. Die folgende Spaltung innerhalb des redaktionellen Teams resultierte in einer hitzigen Auseinandersetzung über die Annahme der Anzeige und deren Verhöhnung der Frauenbewegung. Rosalind Krauss spielte darin eine zentrale Rolle und ihre Fraktion (darunter Lawrence Alloway, Max Kozloff und Annette Michelson, mit denen sie schließlich die Zeitschrift verließ um die Anti-Artforum Zeitschrift *October* zu gründen) nannten die Veröffentlichung einen Versuch der „Eigenwerbung ... im entwürdigendsten Sinne des Wortes" und beschuldigten andere im Magazin der „Komplizenschaft" mit dem Markt. Die verbliebenen RedakteurInnen wurden zu einer gedruckten Entschuldigung genötigt. Robert Rosenblum forderte ironisch die Bloßstellung der „Söhne und Töchter der Gründerväter des *Artforum*-Ausschlusses für Öffentliche Schicklichkeit und Damen-Etikette".

In den späten 1970ern stellte die Fotografin Jacqueline Livingston (damals Kunstprofessorin an der Cornell Universität) eine Reihe von Aktfotographien ihrer Familie aus, darunter ein Foto des erigierten Penis ihres Mannes und ein Foto ihres Sohnes, laut Künstlerin „im Augenblick natürlicher, kindlicher Selbsterforschung". Sie wurde umgehend von Cornell zurechtgewiesen (und verlor in Folge ihren Job) und das Sozialamt des Staats New York ermittelte wegen Kindesmissbrauchs gegen sie; natürlich waren die Argumente haltlos und die Anklage wurde fallengelassen. In einem Versuch, die Fotografien dennoch zu verbreiten, verlegte und verkaufte Livingston selbst eine Edition von einigen der Fotos in Postergröße. Sie versuchte, die Edition in *Art News* und *Art in America* zu bewerben, die jedoch aufgrund der

Darstellung männlicher Genitalien ablehnten (übrigens weigerten sich auch *Ms* und *Playgirl*, die Anzeige zu schalten).

Die früheren, ehrwürdigeren Zeitschriften waren selbst nicht frei von der strengen Hand der Zensur. So verbot die amerikanische Post das Dezember 1943 Heft von *View*, weil es Akte von Leon Kelley und Pablo Picassos *Le Minotaure* abbildete – in der Tat gewagtes Zeug. Aber der Vorfall war bezeichnend für einen weitreichenderen kulturellen Niedergang dieser Zeit: Im März 1946 verlangte der surrealistische Dichter Philip Lamantia (der schon mit 16 in der einflussreichen San Franciscoer Zeitschrift *Circle* veröffentlicht hatte und regelmäßig für *View* schrieb), die Streichung seines Namens aus dem Impressum, weil seiner Meinung nach *View* die „pervertierte Sicht unserer Zeit" vertrat und der offen schwule Herausgeber der Zeitschrift, Charles Henri Ford, verantwortlich „für die grundlegende Verdorbenheit dieser Generation" sei. Nun, eine solche übertrieben kritische Haltung war vielleicht nicht allgemein verbreitet. Eine der ambitionierteren Zeitschriften, die aus der 1960er Renaissance hervorging, *Aspen*, währte immerhin zehn Ausgaben – was beachtlich ist, wenn man die unorthodoxen Anzeigenrichtlinien und das atypische Format bedenkt, das an den hohen Versandkosten Schuld war, die der Zeitschrift schließlich den Todesstoß versetzten.

Das Ergebnis der *Studio International*-Studie, die nur zeitgenössische Zeitschriften berücksichtigte, zeugt von einer Stimmung im unabhängigen Kunstverlagswesen, wie sie erst in den vergangenen sechs bis zehn Jahren wiedergekehrt zu sein scheint. Sie vermittelt den Eindruck, dass die HerausgeberInnen, während sie einerseits durchaus optimistisch sind – immerhin veröffentlichten sie eine äußerst einflussreiche, erfolgreiche Zeitschrift, die sich ihrer Langlebigkeit rühmen konnte – zugleich am Zustand der Kritik verzweifeln, an der tatsächlichen oder empfundenen Selbstzensur bei den größeren Titeln und an der Herausforderung, die die Zunahme der Kunstberichtserstattung in Fernsehen und Radio für Zeitschriften darstellte. Heute haben in Anbetracht der wachsenden Anzahl von KunstleserInnenschaft, GaleriebesucherInnen und dem rapide ansteigenden generellen Interesse an Kunst die Mainstreammedien – die Hauptinformationsquelle für die meisten Menschen – ihre Kunstberichterstattung drastisch eingeschränkt, verflacht oder zugunsten kurzweiliger, abonnentInnenorientierter Infotainment-Berichte gekürzt. Kunstzeitschriften sind vielleicht wichtiger denn je, um Kritik kritisch zu halten – sich selbst gegenüber genauso wie gegenüber dem Berichteten – und um die zentrale Rolle und Flexibilität von Kunstpublikationen zu gewähren, die unerlässlich ist.<

>>*Auf den folgenden Seiten wird, ergänzend zur Analyse von Eugenia Bell, eine Auswahl von Kunstmagazinen vorgestellt, die, seit Beginn von Kunstkritik im 19. Jhdt., wichtige diskursive Positionen markieren oder als zentrale Beispiele der Reflexion spezifischer künstlerischer Strömungen gelten können. Diese Auswahl von Emily King wirft ein Schlaglicht auf historische Knotenpunkte ohne Anspruch auf Vollständigkeit und wurde ebenfalls ungekürzt aus* frieze *übernommen und übersetzt.*

## The Yellow Book

Großbritannien, erschien von 1894 bis 1897
mit Beiträgen von Aubrey Beardsley, Max Beerbohm, Henry James, Walter Sickert, William Butler Yeats

*The Yellow Book*, 1894 gegründet, lehnte standhaft viele der technologischen Entwicklungen ab, die den Aufstieg von Kunst- und Literaturzeitschriften im 19. Jahrhundert kennzeichneten. Die textlastige Zeitschrift war ausschließlich mit Skizzen illustriert (die meisten davon vom Kunstredakteur der Zeitschrift, Aubrey Beardsley, dessen Werk auch jedes Cover zierte). Damit verwies *The Yellow Book* zugleich auf die bescheidenen Ursprünge des Verlags "The Bodley Head" als Buchantiquariat und später, insbesondere nachdem die GeschäftspartnerInnen (John Lane, ein Verwandter von Allen Lane, der später Penguin Books gründen sollte, und Charles Elkin Matthews) sich getrennt hatten, auf eine avantgardistische Mischung aus Feminismus, naturalistischer Belletristik und Illustration. Lane beschrieb die ideale Leserin als eine „wohlstehende Dame, die die Freiheit hat zu lesen, was immer sie möchte". Und tatsächlich veröffentlichte *The Yellow Book* auf bis dato beispiellose Art von Frauen verfasste Texte.

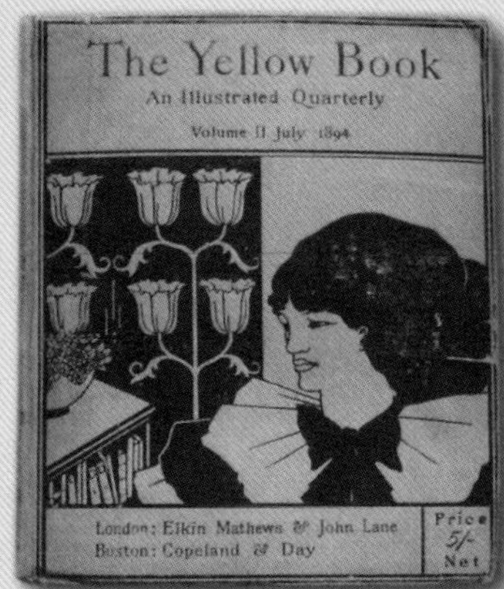


*The Yellow Book 1895-6*
Cover von Aubrey Beardsley

Von Mitte bis Ende der 1890er hatte die Zeitschrift mit Beschuldigungen zu kämpfen, von denen Lane gesagt haben soll, dass sie beinahe das Ende für die Zeitschrift und ihn bedeutet hätten. Lane hatte Oscar Wildes *Salomé* und einen Wiederabdruck einer Gedichtesammlung von Wilde veröffentlicht und nur mäßig verkauft. Die Verhaftung des Schriftstellers wurde 1895 dennoch zum Pulverfass in der Geschichte der Zeitschrift – neben einem offenen Streit über die Gestaltung mit Beardsley (der es zur Bedingung machte, dass während seiner Beschäftigung nichts von Wilde in der Zeitschrift zu veröffentlichen sei), einem Vorfall zwischen dem Schriftsteller und einem "The Bodley Head"-Laufburschen und einer generellen sozialen Spannung zwischen Lane und Wilde. Beardsley trat zurück, und das Redaktionsbüro wurde von Vandalen zerstört, nachdem die indirekte Verbindung zwischen Wilde und der Zeitschrift von ihrem größten Gegner, Savoy, scharf angegriffen worden war. Der Einfluß von *The Yellow Book* in den ersten Jahren seines Bestehens kann kaum überschätzt werden: das außergewöhnliche ästhetische Erscheinungsbild und Beardsleys Zeichenstil (vom unkonventionellen Inhalt einmal abgesehen) bestimmten die Zeitschrift. Lane sagte später, dass sie nach Beardsleys Abgang „nur noch eine unter vielen guten Zeitschriften" war.

## Wendingen

Niederlande, erschien von 1918 bis 1931
mit Beiträgen von M. de Klerk, Frits Lensvelt, El Lissitzky, Hendricus Theodorus Wijdeveld

*Wendingen 1929* Cover von Ossip Zadkine

Der holländische Autodidakt und Architekt Hendricus Theodorus Wijdeveld ließ sich bei der Gründung von *Wendingen* vom Verhältnis von Architektur und Typografie inspirieren. Er hatte den Bedarf nach einer alle Künste umfassende Publikation erkannt und erhielt Unterstützung durch den Kunstverein „Architectura et Amicitia" (Architektur und Freundschaft). Der Name *Wendingen* lässt sich annähernd mit „Umbrüche" oder „Wenden" übersetzen.

*Wendingen* erschien von 1918 bis 1931, in einer Zeit, die künstlerisch zu den lebendigsten des 20. Jahrhunderts zählt. Die Zeitschrift stieg wie ein Phönix aus der Asche ihrer Vorgängerin *Architectura* und war zunächst auch noch hauptsächlich Architektur, Design und jenen Arbeiten gewidmet, die die Arbeit einer losen Gruppe von TypografInnen und BuchdesignerInnen bestimmten, die sich „Die Direktoren" nannte. *Wendingen* entwickelte sich zu einer Synthese der zeigenössischen Künste in gedruckter Form. Neben Berichterstattung über den wachsenden Vorstoß der europäischen Avantgarde in den Modernismus wurden enthusiastische Artikel über Tanz, Malerei, angewandte Kunst und Kunsthandwerk veröffentlicht.

Unter Wijdevelds Leitung wurde bis 1925 zu jedem Heft und seinem Themenschwerpunkt ein neues Cover in Auftrag gegeben, wobei darauf geachtet wurde, dass es sich jedes Mal um ein originales Kunstwerk handelte. CoverdesignerInnen wurden häufig beauftragt, eigens einen Holzschnitt ihres Entwurfs anzufertigen oder direkt auf den Lithostein zu zeichnen. Die strenge Kontrolle der Redaktion sicherte das Niveau, bedeutete aber auch, dass selbst Coverdesigns von angesehenen KünstlerInnen nicht immer angenommen wurden. Entwürfe von Eileen Gray und Frank Lloyd Wright für Ausgaben, die ihnen selbst gewidmet waren, stießen auf vehemente Ablehnung, da sie den Qualitätsansprüchen nicht gerecht wurden. Die Namen von El Lissitzky, H. P. Berlage und W. M. Oudok (der außerdem für einige der innovativsten typografischen Gestaltungen der Zeit verantwortlich ist) finden sich unter den berühmteren KünstlerInnen, deren Arbeit das Cover zierte. Einige der herausragendsten Coverarbeiten stammen jedoch von kaum bekannten Designern: etwa von M. de Klerk, dessen Cover für eine Sondernummer zu Wohnanlagen der öffentlichen Hand einen dramatischen Bienenstock und ein Vogelnestmotiv zeigt, oder die originellen typografischen Entwürfe von Frits Lensvelt oder Wijdeveld selbst, aber auch ausgezeichnete, sehr unterschiedliche Entwürfe von Arthur Staal, Henrik Wouda, Vimos Huszar und Margaret Kroppholler.

## View

USA, erschien von 1940 bis 1947
mit Beiträgen von Marcel Duchamp, Charles Henri Ford, Parker Tyler

Die vom Dichter, Filmemacher, Fotografen und Künstler Charles Henri Ford herausgegebene Zeitschrift *View* gilt als eines der wichtigsten Avantgardemagazine und als surrealistisches Organ, war dann aber doch zu eklektisch, um mit dieser Bezeichnung ausreichend definiert zu werden. Vor ihrem Erscheinen waren den amerikanischen LeserInnen von Kunstzeitschriften für bestimmte Kunstrichtungen spezifische Publikationen nur in Form einiger weniger Ausgaben von *Minotaure* begegnet, dessen Einfluss Ford hoffte, an sich reissen zu können.

Fords erstes Publikationsprojekt, die kurzlebige Zeitschrift *Blues* (1929-30), die er herausgab als er kaum mehr als ein Teenager war, leistete einen wesentlichen Beitrag zum Beginn der Karrieren von Djuna Barnes, HD und Kenneth Rexroth. Nachdem *Blues* eingegangen war, zog Ford nach Paris und im September 1940 erschien die erste Nummer von *View*. Zunächst nur sechs Seiten lang, erreichte es innerhalb von 18 Monaten einen Umfang von 40 Seiten. Jede Nummer war üblicherweise einem bestimmten Thema oder KünstlerInnen gewidmet. *View* erschien zumindest vierteljährlich und wurde durch Anzeigen und, ab der Ausgabe vom April 1943, durch ein ‚kommerzielles' Modell finanziert. Auch wenn es mit der Zeit international vertrieben wurde, war die Auflage nie höher als 3000 Exemplare. Besonders bemerkenswert sind die aufwendigen, von KünstlerInnen gestalteten Cover, sowie das markante Design und die Typographie von Parker Tyler. Beiträge von KünstlerInnen und SchriftstellerInnen, die während des Zweiten Weltkriegs von Paris nach New York emigriert waren, machten die Zeitschrift zu einem reichhaltigen Archiv surrealistischer Kunst und Literatur.

*View* March 1945 Cover von Marcel Duchamp

*View*s krönender Höhepunkt ist die Marcel Duchamp gewidmete Nummer: ein gefaltetes und perforiertes Cover, das sich mit Hilfe der beigelegten Anleitung zu einer Reproduktion von *The Bride Stripped Bare* zusammensetzen lässt. *View* war die erste amerikanische Publikation, die Duchamp zu würdigen wusste. Insbesondere die Leserbriefseiten sind aufschlussreich für diese außergewöhnliche Zeitschrift. Im September 1942 schrieb Randall Jarrell an Ford: „*View* ist tatsächlich das vermutlich eigenartigste Magazin, das ich je gesehen habe – eine Ehre, die den Mitwirkenden schmeicheln sollte [...]. Glauben Sie, dass viele Ihrer AutorInnen bewußt Dada sind? Dass sie die Vorherrschaft der Bourgeoisie angreifen? Oder sind sie so unschuldig wie Tauben?" Früher im selben Jahr hatte William Carlos Williams geschrieben: „Durch Ihre Ausdauer beginnen Sie etwas zu beweisen. UND Sie produzieren diese unglaubliche Kunstzeitschrift, von der niemand auch nur zu träumen gewagt hätte."

# Spirale

Schweiz, erschien von 1953 bis 1964
mit Beiträgen von Eugen Gomringer, Dieter Roth, Marcel Wyss

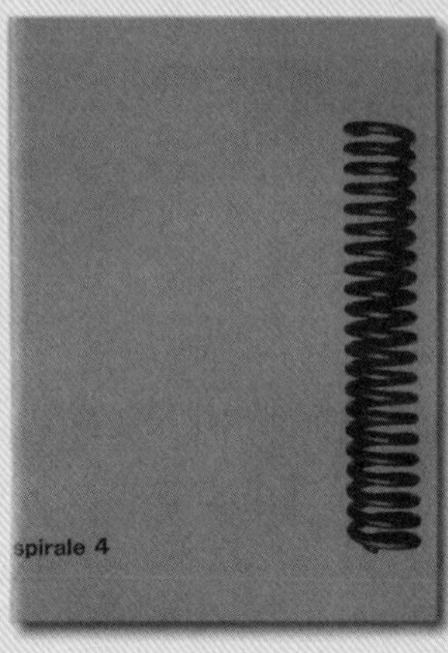


*Spirale* Nr. 4 1954

*Spirale* ist die vermutlich bedeutendste Dokumentation Schweizer Kunst in den 1950ern und frühen 1960ern – insbesondere von abstrakter und konkreter Kunst. Die Zeitschrift war ein Projekt von Dieter Roth und wurde von ihm gemeinsam mit dem Künstler Marcel Wyss und dem Dichter Eugen Gomringer (dessen „Konstellationen" und Ein-Wort-Gedichte Anerkennung fanden) herausgegeben. In der Ausrichtung erinnerte sie an die besten Absichten von Zeitschriften, die 20 oder 30 Jahre früher „Gedichte, die plastischen Künste, Grafik, Architektur und Industriedesign" in einer Publikation versammeln wollten. Obwohl sie schon 1951 konzipiert worden war, erschien *Spirale* erst 1953. Roth war zur gleichen Zeit und während des Erscheinens der Zeitschrift mit bis zu sechs anderen unabhängigen Publikationsprojekten beschäftigt. Während die Gestaltung und die Illustrationen der Zeitschrift Roths entschlossen konstruktivistischer Phase verpflichtet sind, wechselte er 1964 nach neun Ausgaben von einer „universellen ästhetischen Sprache" zu den flüchtigeren und persönlicheren Arbeiten, für die er heute bekannt ist. *Spirale* steht am Anfang seiner obsessiven Veröffentlichungen im Selbstverlag, welche wiederum Vorläufer des überaus populären Trends zu fotokopierten Büchern und frühen „Zines" in den 1970ern sind. Roths Beitrag zur „Konvention der Seite als Inhalt, wo das Umblättern ein körperliches, skulpturales Element wird anstelle einer zufälligen Tätigkeit", bereitete zukünftigen Experimenten bei der Produktion von Kunstzeitschriften den Weg, die die Buchform hinterfragen und dekonstruieren, und kündigte die große Ära selbstverlegter Publikationen an.

## Aspen

USA, erschien von 1965 bis 1971
mit Beiträgen von Quentin Fiore, Phyllis Johnson, Marshall McLuhan, Brian O'Doherty, Andy Warhol

*Aspen* kam erst mit der dritten Ausgabe so richtig in Schwung: Die von Andy Warhol herausgegebene Pop Art-Nummer brachte die Zeitschrift auf den Radar der Kunstwelt. Die Publikation war jedoch von Anfang an äußerst ungewöhnlich. Phyllis Johnson, zuvor Redakteurin bei *Women's Wear Daily* und *Advertising Age*, setzte sich über alle tradionellen formalen Erwartungen hinweg, als sie 1965 die „Multimedia Illustrierte in der Schachtel" gründete. Inhaltlich präsentierte sich *Aspen* als kaum mehr als ein Lifestyle-Blatt für die Wintersport-Schickeria: Langlaufvergnügen, Berichte vom „Aspen Film Festival" und ein Artikel über Sichtungen des amerikanischen Alpenschneehuhns neben einem Interview mit den Maysles Brothers und Berichten über architektonisch bedeutende Häuser in der Umgebung. Im Editorial zur ersten Ausgabe schrieb Johnson: „Die Artikel werden ebenso sehr überraschen wie das Format, sie reichen von ansprechenden Bildberichten über Natur und Sport zu den esoterischeren Themen Kunst, Geisteswissenschaften, Design, Underground-Film, Musik (mit einer Schallplatte in jeder Nummer), Poesie, Tanz, Architektur, Gourmetküche. Anders gesagt, all jene zivilisierten Vergnügen des modernen Lebens [...] veranschaulicht am Beispiel dessen, was in Aspen, Colorado, los ist".

*Aspen* No. 3 1966 Cover von Andy Warhol

Esoterisch oder nicht, 1966 wurde *Aspen* zur Kunstzeitschrift. Das Box-Format blieb unverändert; Anzeigen erschienen immer noch auf losen Blättern, die – vom Editorial deutlich getrennt – am Boden der Schachtel umherrutschten; und jede Nummer wurde von einer/einem anderen RedakteurIn betreut. Der elegante Charakter von Chalets und Pisten verschwand jedoch. Daltons erste Ausgabe war Nummer 3 (wenngleich jede Nummer auch einen Gastredakteur hatte) – und enthielt nichts als Kultfilm-Daumenkinos, Velvet Underground und verschiedene Kommentare zu LSD. Marshall McLuhan und Quentin Fiore betreuten die vierte Ausgabe, und dann erschien Brian O'Dohertys Nummer 5/6 – die berühmte weiße Box „für Stéphane Mallarmé": Susan Sontag, Roland Barthes, Flexi-Disks mit Aufnahmen von Morton Feldman und William Burroughs, 8mm-Filme von László Moholy-Nagy und Robert Rauschenberg und eine Tony Smith Skulptur, welche die LeserInnen selbst zusammenbauen konnten. In Anlehnung an Mallarmé schrieb O'Doherty in seiner mit „Sigmund Bode" gezeichneten Einleitung für das Heft: „Man kann natürlich auch in Betracht ziehen, wie Platzierung verborgen wird, wie das zum Objekt gemachte Stück (eine Person, ein Konzept, ein Zeitraum) ohne räumliche Ausmaße, an keinem Ort und zu keiner Zeit gedacht werden kann, und die Bedingungen von Kunst von diesem Blickwinkel aus betrachten". *Aspen* überlebte nur zehn Ausgaben, aber sein Einfluß ist auch ohne exaktes Format und auf zeitlose Art noch immer spürbar.

## Interfunktionen

Deutschland, erschien von 1968 bis 1975
mit Beiträgen von Marcel Broodthaers, Benjamin Buchloh, Fritz Heubach, Jörg Immendorf, Sigmar Polke, Wolf Vostell

Zwölf Ausgaben in sieben Jahren ist vielleicht keine besonders beeindruckende Leistung, der Einfluß und die Bedeutung des kurzen Bestehens von *Interfunktionen* können jedoch kaum überbetont werden. Die von Fritz Heubach in Köln herausgegebene Zeitschrift war ein interdisziplinäres Projekt von aktivistischen KünstlerInnen, die es sich zum Ziel gesetzt hatten, europäische Kunst und Ideen zu fördern, ohne dem zunehmenden kommerziellen Druck der Zeit nachzugeben. Sie stand im

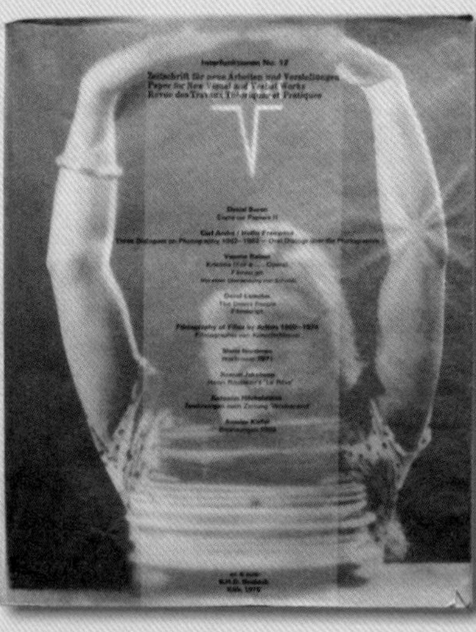

*Interfunktionen* No. 12 1975

Widerspruch zur neuen Kunst-als-Ware-Haltung, die in Arnold Bodes documenta 4 ihren Ausdruck fand.

*Interfunktionen* war eng mit der Ära Joseph Beuys an der Düsseldorfer Kunstakademie und Jörg Immendorfs LIDL Akademie verknüpft und konnte sich mit Beiträgen und der Unterstützung von Immendorf, Sigmar Polke und Wolf Vostell schmücken. Die Zeitschrift veröffentlichte Theorie, Kritiken und Künstlerprojekte und ermöglichte einen europäisch-amerikanischen Austausch, der in dieser Form zuvor nicht existiert hatte oder nicht öffentlich gemacht worden war.

Die erste Nummer von *Interfunktionen* wurde in der – an heutigen Standards gemessen – unvorstellbar niedrigen Auflage von 120 Exemplaren veröffentlicht (die Auflagenhöhe späterer Nummern lag im Durchschnitt bei je Tausend Exemplaren). Die zentrale Aufgabe der Zeitschrift bestand im Artikulieren ihrer Antwort auf die documenta 4: Die Dokumentation einer Performance-Aktion von einer losen Gruppe von Mitgliedern und UnterstützerInnen von *Interfunktionen* bei der Pressekonferenz und die Abbildung von nicht in die Ausstellung aufgenommenen Arbeiten. Die erste Nummer hatte weniger als 80 Seiten, und bestand im Sinne des experimentellen Zugangs, der Heubach ein Anliegen war, aus einer bunt gemischten Sammlung billig gebundenen Papiers mit willkürlichen losen und ausfaltbaren Seiten; viele der ‚Artikel' waren handgeschrieben.
Unter ihrem zweiten Redakteur Benjamin Buchloh wurde *Interfunktionen* 1975 in einen Skandal verwickelt. In einer Ausgabe, die auch die letzte sein sollte (und die erst die zweite von ihm betreute war), veröffentlichte Buchloh Anselm Kiefers kontroversielle „Besetzungen", Fotografien, auf denen der Künstler vor Denkmälern in ganz Europa im Hitlergruß salutierend abgebildet ist. Marcel Broodthaers, einst ein eifriger Unterstützer der Zeitschrift, führte den Protest (auch Fritz Heubach war beteiligt), der den fast vollkommenen Entzug von Förderungen der Publikation zum Ergebnis hatte. *Interfunktionen* war das führende Organ europäischer Kunst, die sonst nirgendwo veröffentlicht wurde. Es war damit ebenso wie mit seinem Nicht-Design überaus einflußreich.

## Avalanche

USA, erschien von 1970 bis 1976
mit Beiträgen von Vito Acconci, Liza Bear, Chris Burden, Bas Jan Ader, Bruce McLean, Bruce Nauman, Willoughby Sharp, William Wegman

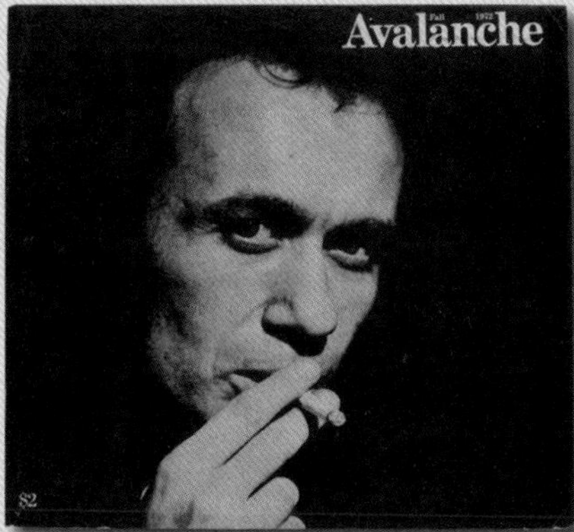


*Avalanche* Autumn 1972 Cover mit Porträt von Vito Acconci *(Foto: Van Schley)*

Am Cover fast jeder Ausgabe von *Avalanche* befindet sich ein formatfüllendes KünstlerInnenportrait –William Wegmans Foto seines berühmten Hundes Man Ray bildet die einzige Ausnahme. Alle Coverfotos erforschen ihr Subjekt mit nachdenklicher Intensität. Und einige von ihnen – insbesondere Gianfranco Gorgonis Portrait von Bruce Nauman – sind von bemerkenswerter Schönheit. Der Kunstkritiker Peter Schjeldahl, selbst Mitglied des *Avalanche*-Milieus, hat bemerkt, dass die Zeitschrift den Weg für eine neue Art von Glamour bahnte. Wenn das zutrifft, dann war sie außerordentlich erfolgreich: Naumans dicht bewimperte Augen und sein ausgeprägtes Kinn sehen nach jedem Standard beurteilt gut aus.

*Avalanche* erschien erstmals 1970 und ist ein Produkt des Zusammentreffens der Kritikerin Liza Bear mit dem Künstler und Autor Willoughby Sharp. Mit nichts als eigenem Schweiß als Kapital wurde es in einem Büro am Gramercy Park in New York gegründet, unweit von Warhols Factory, wo ungefähr zur gleichen Zeit die erste Nummer von *Interview* erschien. *Avalanche* sah seine Mission im Aufzeichnen der anti-materialistischen Aspekte neuer Kunst. In seinem internationalen, aber sozial eng verknüpften Zirkel bewegten sich unter anderem Bruce Nauman, William Wegman, Vito Acconci, Chris Burden, Bas Jan Ader und Bruce McLean. Von einem Teil mit aktuellen Nachrichten vorne im Heft abgesehen, bestand es ausschließlich aus Dokumentation künstlerischer Arbeiten und aus KünstlerInneninterviews. Die weit ausholenden Gespräche wurden als offensichtlich unredigierte Transkripte veröffentlicht – eine Kritik an den vorherrschenden Modellen von Kunstkritik, welche Baer and Willoughby als mit-

schuldig an Vermarktung und Spektakelbildung betrachteten. Die Zeitschrift erreichte ihren Höhepunkt im Herbst 1972 mit einer Ausgabe, die Vito Acconcis Arbeit gewidmet war.
Das Format von *Avalanche* ist eine eindeutige und klare Angelegenheit: klammergebunden, ungefähr 25cm im Quadrat, mit einem gleichmäßigen dreispaltigen Raster. Das hervorstechendste Element der Zeitschrift sind Fotos, grobkörnige Dokumentaraufnahmen und Bilder von KünstlerInnen bei der Arbeit. Diese wurden vom Designer Boris Wall Gruphy auf dynamische und cinematografische Art eingesetzt, so dass sie an Alexey Brodovitch erinnern, der zwei Jahrzehnte früher Art Director bei *Harpers Bazaar* war. Im Frühjahr 1974, nach acht Ausgaben im Zeitschriftenformat, erschien *Avalanche* in Reaktion auf steigende Papierkosten als Zeitung. Fünf Ausgaben später, im Sommer 1976, stellte es sein Erscheinen ein. Die Zeitschrift nennt in der letzten Nummer keine Gründe für den bervorstehenden Untergang, aber das rot gedruckte Impressum – das erste Mal, dass Farbe verwendet wurde – und das Coverbild einer Bilanz sind kaum missverständliche Hinweise.

## October

USA, erscheint seit 1974
mit Beiträgen von Yve-Alain Bois, Benjamin Buchloh, Hal Foster, Jeremy Gilbert-Rolfe, Rosalind Krauss, Annette Michelson, Mignon Nixon

Als Reaktion auf den Aufruhr um Lynda Benglis' provokative Anzeige im Artforum traten die RedakteurInnen Rosalind Krauss und Annette Michelson 1974 zurück, um gemeinsam mit Jeremy Gilbert-Rolfe ihre eigene Zeitschrift zu gründen. *October* - benannt nach Oktybar, Sergej Eisensteins Film über den zehnten Jahrestag der Bolschewistischen Revolution von 1917 - wurde 1976 als Gegenmodell zu, vom Markt bestimmten, mit Anzeigen gespickten Hochglanz-Kunstzeitschriften gegründet. In seinen Anfängen

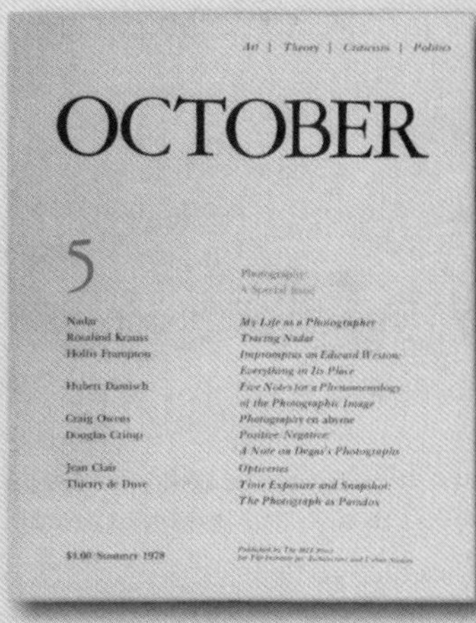

*October* Summer 1978

betrachtete es Minimalismus durch die Linse des Französischen Strukturalismus; später kam Yve-Alain Bois in die Redaktion, dessen Arbeit Strukturalismus und Formalismus von Greenbergs Prägung verband. Als der Poststrukturalismus sich entwickelte, wurde die kritische Methodik der RedakteurInnen durch das Denken von Michel Foucault, Jacques Derrida und insbesondere Jacques Lacan katalysiert; Hal Foster und Mignon Nixon brachten unterdessen einen psychoanalytischen Schwerpunkt in die Redaktion. Oder anders ausgedrückt, hat *October* Kunst immer in "ihren gesellschaftlichen und kritischen Kontexten untersucht".

Die *October*-Gruppe hat mit Sicherheit postmoderne Theorien beeinflusst, und der Geist von Clement Greenberg ist heute seltener im *October*-Büro anzutreffen als damals. In den veröffentlichten Texten zeigt sich eine subtile Verschiebung weg von Fragen der Autorschaft, die einem weniger autoritären kritischen Modell gewichen sind. Die alte Garde und eine ambitionierte jüngere Generation von KritikerInnen und HistorikerInnen, die von der Zeitschrift unterstützt wird, sind fest im akademischen Bereich verankert. Viele sind nun Teil der Fakultäten erstklassiger Universitäten und werden zunehmend als das neue Establishment moderner Kunstgeschichte betrachtet.

## The Fox

USA, erschien von 1975 bis 1976
mit Beiträgen von Sarah Charlesworth, Michael Corris, Preston Heller, Joseph Kosuth, Andrew Menard, Mel Ramsden

Die Zeitschrift *The Fox* wurde aus Konflikt geboren, ernährte sich von Groll und Bitterkeit und verendete schließlich an einem Übermaß an Feindseligkeit. Die drei Ausgaben, die 1975 und 1976 erschienen, enthalten die schärfste Kunstkritik der Zeit. Unter den von *The Fox* gesammelten Skalps ist die Ausstellung „Three Centuries of American Art" im Whitney Museum besonders erwähnenswert, die wegen ihrer unverholenen Unterstützung herrschender Machteliten angegriffen wurde. Allerdings begann das Editorial mit der Zeit, anstelle seiner Feinde den eigenen Zirkel anzugreifen. Statt sich an heiligen Kühen gütlich zun, schien *The Fox* es vorzuziehen, am eigenen Schwanz zu kauen.

Die erste Nummer wurde von Sarah Charlesworth, Joseph Kosuth, Michael Corris, Andrew Menard, Preston Heller und Mel Ramsden herausgegeben – alle Mitglieder der Künstlergruppe „Art and Language”, die sich zu diesem Zeitpunkt in einem bösartig öffentlichen Konflikt von der Britischen Sektion abspaltete. Angeblich hatte die Auseinandersetzung mit der Ausrichtung ihrer Anliegen zu tun, aber Gerüchten zufolge war sie eher persönlicher denn politischer Natur. Die Publikation stellte eine Einladung an den Anfang: „Wer interessiert ist, oder neugierig, oder der herausgeberischen Stoßrichtung etwas hinzuzufügen hat (sei es pro oder contra) [...] zur Neubewertung von Ideologie [...] dieser ersten Ausgabe sei aufgefordert und sogar bedrängt, Beiträge für die kommenden Ausgaben zu schreiben”.

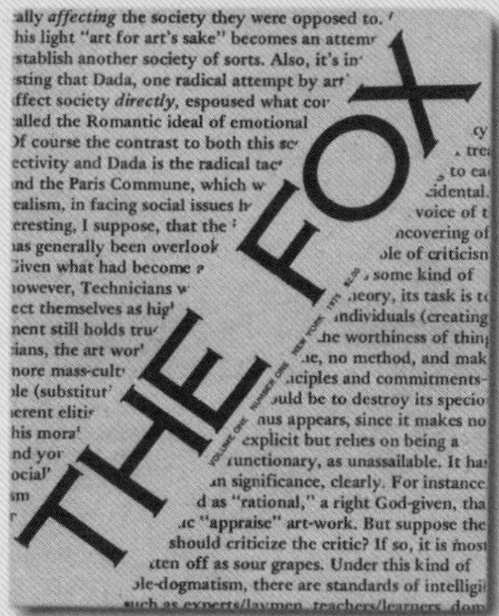

*The Fox* No. 1 1975

An sich lobenswert, erwies sich *The Fox'* Bereitschaft das ‚contra' anzuerkennen als fatal. Als der Künstler-Aktivist Karl Beveridge in einem Text für Nummer 2 Donald Judd bezichtigte, „die große kulturelle Lüge” zu perpetuieren, war das in Wirklichkeit eine versteckte Attacke auf den Judd-Gefolgsmann und das tragende *The Fox* Mitglied Kosuth. Die Publikation sollte diesen Streit nicht überleben. In einem Artikel, den Peter Benchley für die letzte Nummer schrieb, bezeichnet er die Situation als „gnadenloses Psychodrama”. In *The Fox* findet sich kein Hinweis auf den Designer, aber es wird generell angenommen, dass es sich um Kosuths Werk handelt. Mit Pappumschlägen und im Inneren auf Zeitungspapier gedruckt, hat die Zeitschrift mit zwar einfacher, aber extrem eleganter Typographie Ökonomie zum Kennzeichen. Auf dem Cover ist die Nummer der Ausgabe und der Titel diagonal in „Copperplate Gothic” gesetzt. Derselbe Schrifttyp wird im Inneren für Überschriften verwendet, der Lauftext ist in einem klaren Zwei-Spalten-Raster gesetzt. Illustrationen werden sparsam aber äußerst effektiv eingesetzt – ohne jegliche Reproduktionen von Kunstwerken. *The Fox* mag eine wilde Bestie gewesen sein, aber *er* war auch richtig gut frisiert.

## Charley

USA / Griechenland, erscheint seit 2001
mit Beiträgen von Maurizio Cattelan, Massimiliano Gioni, Conny Purtill, Ali Subotnik

*Charley* No. 4 2006

*Charley* erscheint verlässlich unregelmäßig und passt in keine Schublade. Wird über junge Künstlerinnen und Künstler berichtet oder ein Loblied auf die 80er Jahre gesungen? Wäre es eine Unterstellung, *Charley* als Parodie auf aktuelle Kunstweltberichterstattung zu bezeichnen? Handelt es sich um eine Zeitschrift oder ein Kunstprojekt? Genauso wenig zuordenbar wie die von den HerausgeberInnen betriebene Wrong Gallery, scheint *Charley* all das oben Genannte zu sein – und zugleich nichts davon.
Die von Maurizio Cattelan, Massimiliano Gioni und Ali Subotnik gegründete und herausgegebene Publikation wird von der „Deste Foundation" in Athen finanziell unterstützt. Das vier-Ausgaben-junge *Charley* erscheint jedes Mal in einem anderen Format (gestaltet von Conny Purtill, die zuvor Designerin für das „Walker Art Center" war) und beschreibt sich selbst als „Distributionsmaschine, ein Mechanismus zum Verbreiten und Ausschlachten von Information, Gerüchten und Kommunikation" und als „auf Einverleibung und Konsumption fixiert". Die zweite Nummer war eine Box mit Ansichtskarten von der New Yorker Kunst-‚Saison' 2001/02 und die dritte Ausgabe wurde in Hommage an wenig beachtete Künstler der 1980er Jahre von zwei Ausstellungen begleitet. Diese Nummer der Zeitschrift druckte Berichte aus in den 1980er Jahren herausgegebenen Zeitschriften über die KünstlerInnen wieder ab, enthielt aber keinerlei Information zu ihren heutigen Karrieren. Die vierte Ausgabe kommentiert einige der heute wichtigsten Museumssammlungen und ihren nachhaltigen Einfluss auf die Definition moderner Vorlieben. Trotz der praktizierten Nonchalance, unternehmungslustiger Präsentation und Informalität gelingt es *Charley* irgendwie, seinen kritischen Inhalt nicht zu untergraben. Indem die Methoden des Lesens und Verwertens von Information leicht verändert werden, kombiniert das Magazin Design, zumeist implizite Kritik und legitime Themen erfolgreich zu einem unmöglichen Ganzen.

# Shock of the New

**Tom Wolfe** is one of most iconic and controversial writers of the past 40 years. **Michael Bracewell** met him at the George V Hotel in Paris to discuss writing, art and intellectual fashion

n *Esquire* m
cene, 'The
Wolfe has
dies of the l
Test' (1968)
), 'The Pai
o Our Hou
*he Bonfire o*
ial success
needed to r
, to the nat
é de Balzac
*ll*, the first
nillion copies. (There were seven subsequent
es each.) In 2003 Wolfe published a third novel,
concerning the sexual politics of the contem-

**s the subj**

n Studies,
oncepts of
this made
t in the sul
ture reflec
hink is a v
ay. What d
ers now m
ls or exper
do with ba
But the ide
said to reflect society! It's like contempor
prestigious art since 1900 has reflected *a*
absolute nonsense.

# Der Schock des Neuen

*Tom Wolfe im Interview mit Michael Bracewell*

Tom Wolfe gilt als einer der bedeutendsten und gleichzeitig umstrittensten Autoren der letzten vierzig Jahre. Michael Bracewell sprach mit ihm im Hotel George V. in Paris über das Schreiben, über Kunst und über intellektuelle Moden.

1965 veröffentlichte Tom Wolfe im *Esquire Magazine* unter dem Titel *The Kandy-Kolored Tangarine Flake Streamline Baby* Reportagen über die amerikanische Costum-Car-Szene. Darauf folgten weitere wegweisende Arbeiten zu verschiedenen kulturellen und gesellschaftlichen Themen, darunter *The Electric Kool-Aid Acid Test* (1968), *Radical Chic and Mau-Mauing the Flak Catchers* (1970), *The Painted Word* (1975), *The Right Stuff* (1979), *From Bauhaus to Our House* (1981) und *Hooking Up* (2000).

Sein erster Roman *The Bonfire of The Vanities* (1987, Das Fegefeuer der Eitelkeiten), war ein großer kommerzieller Erfolg, gleichzeitig demonstriert Wolfe hier meisterhaft seine Auffassung, dass der moderne Roman mit den Mitteln der journalistischen Reportage zum naturalistischen Realismus eines Charles Dickens, Honoré de Balzac und Leo Tolstoi zurückkehren sollte. 1998 folgte der zweite Roman, *A Man In Full* (Ein ganzer Kerl), der als erste amerikanische Publikation in einer Auflage von 1,2 Millionen gebundenen Exemplaren erschien – darauf folgten noch sieben weitere Auflagen mit je 25.000 Exemplaren. 2003 erschien Wolfes dritter Roman, *I Am Charlotte Simmons* (Ich bin Charlotte Simmons), der sich mit den sexuellen Gepflogenheiten an amerikanischen Universitäten in der Gegenwart beschäftigt.

Michael Bracewell *Was war das Thema ihrer Doktorarbeit in Yale?*
Tom Wolfe Es war im Fach Amerikanistik, das in Yale etabliert worden war um ökonomische und soziologische Konzepte in die Geschichtsschreibung einzubringen. Unser Thema war also „Amerika". Es wurde unklugerweise davon ausgegangen, dass große Literatur die Gesellschaft widerspiegelt, in der sie verfasst worden ist – ich halte das für eine sehr zweifelhafte Annahme. Denken sie an die Literatur der Gegenwart, was sagt sie uns über unsere gegenwärtige Gesellschaft? Fast nichts! Und zwar weil es für die Schriftsteller heute Ehrensache ist nur psychologische Romane oder experimentelle Romane zu schreiben, die, sofern sie überhaupt einen Funken von Wirklichkeit in sich bergen, von missglückten Ehen, Familienzwist oder unglücklicher Liebe handeln. All das soll die gegenwärtige Gesellschaft widerspiegeln. Es ist wie mit der zeitgenössischen Kunst: Die Vorstellung, dass irgendein berühmtes Kunstwerk seit 1900 irgendetwas mit der Wirklichkeit zu tun hat, ist absoluter Unsinn.

Michael Bracewell *Sie haben geschrieben, dass der moderne Roman an Magersucht zugrunde geht – einem Mangel an Substanz. Glauben sie das auch heute noch?*
Tom Wolfe Romane brauchen Inhalte. Ich behaupte nicht einen allumfassenden Überblick über den englischsprachigen Roman zu haben, aber ein Buch aus den USA wie *The Corrections* (Die Korrekturen) von Jonathan Franzen ist ein Schritt in die richtige Richtung. Ich bewundere auch die Arbeit von Richard Price, der etwas gemacht hat, das ich für sehr wichtig halte: Er ist hinausgegangen und hat in der für ihn zunächst absolut fremden Welt der Drogendealer und Kleinkriminellen in Union City, New Jersey, recherchiert.

Michael Bracewell *In ihrer eigenen Arbeit haben sie Sprache auf eine völlig neue Weise verwendet, eine Mischung aus Bewusstseinsstrom, Naturalismus und linguistischem Cartoon, sodass etwas entsteht, das man vielleicht als literarisches Äquivalent zur Pop Art betrachten könnte. Wie sind sie zu ihrem charakteristischen Prosastil gekommen?*
Tom Wolfe Da gab es diesen einen Text über die Costum-Car-Szene, den ich für das *Esquire Magazine* geschrieben habe. Ich hielt mich damals schon für einen besonders geschickten Zeitungsjournalisten, aber einen Artikel für ein Magazin hatte ich bis dahin noch nicht geschrieben. Ich kam einfach nicht voran und sie sagten: „Na gut, gib uns einfach deine Notizen und wir finden jemanden, der daraus einen verwendbaren Text macht." Ich habe mich also schweren Herzens hingesetzt und versucht das Ganze wie einen Brief, wie ein Memo, an diesen Herausgeber zusammenzufassen. Ich war die ganze Nacht

damit beschäftigt und lieferte es gleich am Morgen bei der Redaktion ab, noch bevor jemand da war. Um vier Uhr nachmittags hat mich dann der Herausgeber aus dem Bett geholt: „Wir drucken dein Memo so wie es ist, wir haben nur die Anrede am Beginn gestrichen.“ Das zeigte mir, man kann sich freimachen. Ich war recht kreativ als Zeitungsjournalist, aber jetzt merkte ich, man kann über alles schreiben! Ich richtete meinen Schreibstil darauf aus, die emotionale Seite von Situationen deutlich zu machen und sie wie in Short Stories Szene für Szene zu entwickeln.

Michael Bracewell *Was waren ihre literarischen Einflüsse?*
Tom Wolfe Ich wurde von einigen frühen sowjetischen Schriftstellern beeinflusst, über deren Bücher ich zufällig in dem für die Nutzer zugänglichen Bereich der Bibliothek in Yale gestoßen bin. Zu dieser Zeit konnten in Yale nur graduierte Studenten in diesen Beständen stöbern, und das war wunderbar. Die meisten von uns lesen ja hauptsächlich in ihrer Studienzeit. Und so kam ich an diese Autoren, die als Serapionsbrüder bekannt waren – Serapion ist eine Gestalt in *Hoffmanns Erzählungen*, ein Einsiedler. Sie waren stark vom französischen Symbolismus beeinflusst – Mallarmé und Rimbaud – also hochgeistiger Literatur. Die Theorie dahinter ist, dass für den Dichter „Sinn“ eigentlich ein Hindernis ist. Anstatt sich mit „Sinn“ zu beschäftigen, soll er Schwaden der Empfindsamkeit produzieren, was natürlich oft in Effekthascherei mündet. Aber die Serapionsbrüder haben über die russische Revolution und ihre Auswirkungen geschrieben, es geht um die 20er Jahre des vorigen Jahrhunderts und die Verbindung des Symbolismus, der abgehobenen literarischen Form, mit der rauen Wirklichkeit der russischen Revolution, die fand ich absolut bezaubernd. Am besten bekannt in dieser Gruppe war Jewgeni Zamjatin, der 1921 den wunderbaren Roman *Wir* geschrieben hat. George Orwell, den ich sehr bewundere, hat diesen Roman für sein *1984* regelrecht ausgeweidet. Ich bin überrascht, dass das nie zu einem Thema gemacht worden ist, Orwell hat ja nicht nur eine Idee abgekupfert, er hat den ganzen Plot übernommen. Aber gut, es sind beides großartige Bücher. Wenn sie je *Wir* lesen, werden sie eine ganze Reihe von Dingen bemerken, die meinen Stil beeinflusst haben. Das abrupte Abbrechen eines Gedankengangs mit einem Gedankenstrich – ich bin überzeugt, das ist mehr oder weniger einfach die Art, wie Menschen denken. Wir denken in Worten, nicht in ganzen Sätzen.

Michael Bracewell *In ihren Texten erzählen sie oft aus der individuellen Perspektive einzelner Charaktere und kehren dann wieder zur äußeren Beschreibung der Umgebung zurück; zum Beispiel in* Radical Chic *(1970) bei der Beschreibung der Paranoia bezüglich der Etikette auf Bernsteins Party für die Black Panthers.*

Tom Wolfe Ich nenne das "Stimme vom Bühnenrand" (downstage voice). In der Regel kann ich nicht in das Innere der Leute sehen, trotzdem möchte ich das Gefühl vermitteln, wie es ist, in den einzelnen Charakteren zu stecken. Um dabei nicht unglaubwürdig zu sein, bediene ich mich ihrer Stimme, ihrer Sprechweise. In *Radical Chic* wollte ich die Geziertheit der besseren Gesellschaft und ihrer Sprache beschreiben. Ich wusste zum Beispiel, dass es immer mehr wohlhabenden Liberalen peinlich war, schwarze Bedienstete zu beschäftigen. Felicia Bernstein war in Chile aufgewachsen – ihr Vater hatte in Santiago in der Metallbranche gearbeitet – und sie verfügte dadurch über zahlreiche Verbindungen nach Lateinamerika. Sie stellte bei sich hellhäutige Latinos ein. Bald meldeten sich Leute aus ihrem Bekanntenkreis und baten sie, solches Personal zu vermitteln. Das Ganze wurde als „Spic and Span Employment Agency“ (Wortspiel: spic and span - blitzsauber, spic - abwertend für Hispanic) bekannt, wobei die Doppeldeutigkeit durchaus unbekümmert als komisch empfunden wurde, wie ich in *Radical Chic* angemerkt habe. Auch in dem Text über die Serienwagenrennen habe ich die Sprechweise, die Stimmen der Leute – in diesem Fall einer ländlichen Bevölkerung – übernommen, einfach, weil dies eine gute Möglichkeit ist, dem Leser das Gefühl zu vermitteln mitten unter diesen Leuten zu sein. Wenn man dann abrupt wieder in den normalen Erzählstil überwechselt, bricht man den Zauber und es entsteht sofort eine ganz andere Stimmung. All dies wurde mir bewusst, nachdem ich diese Geschichte über die Costum-Car-Szene, *The Kandy-Kolored Tangarine Flake Streamline Baby,* geschrieben hatte. Ich habe diese Methode übrigens auch in *Mau-Mauing the Flak Catchers* verwendet [der Text ist zusammen mit *Radical Chic* erschienen]. Es geht hier um schwarze Protestbewegungen in Kalifornien in der Zeit des Armutsprogramms und das Ganze ist in der Sprache dieser Leute verfasst. Während man in *Radical Chic* die Stimmen der besseren Gesellschaft der New Yorker East Side hört, sind in *Mau-Mauing the Flak Catchers* die Stimmen der Straße zu hören. Selbst wenn man nicht immer alles versteht, es ist mir wichtig, die Unterschiede zwischen diesen Sprechweisen deutlich zu machen. Aber *Mau-Mauing the Flak Catchers* handelt weniger von Politik als davon, dass die Protestgruppen verstanden hatten, man konnte nur dann Geld aus dem Artmutsprogramm bekommen, wenn man sich wie ein Verrückter verhielt.

Michael Bracewell *Inwieweit sind ihre längeren Essays über Kunst und Architektur* The Painted Word *und* From Bauhaus to Our House *eine Kritik an der herrschenden Praxis kultureller Moden zu propagieren? Was sie hier über die Verbindung zwischen Kunst und sozialem Status schreiben, scheint heute mehr zu stimmen als vor 25 oder 30 Jahren.*

Tom Wolfe Sowohl in *The Painted* Word als auch in *From Bauhaus to Our House*, geht es um intellektuelle Moden. Was *From Bauhaus to Our House* betrifft: Mir ist aufgefallen, dass Architekten auf unglaublich kostspielige Projekte Einfluss nehmen können, indem sie den Eindruck erwecken, fest von ihren Plänen überzeugt zu sein. Große Konzerne beugen sich ihren Überzeugungen. Das ist doch eigentlich unglaublich, es kann dabei um Gebäude gehen, die mehr als eine Milliarde Dollar kosten! Die Architekten verfügen über keinen politischen Apparat, sie haben nicht viel Geld hinter sich, sie haben nur eine feste Meinung wie die Dinge sein sollten. Wenn ein Anbau zu einem alten Gebäude gemacht werden soll, werden die Konzernchefs davon überzeugt, dass die einzige Möglichkeit darin besteht, eine Box aus Stahl und Glas zu bauen. Die Architekten strahlen eine solche Gewissheit aus, dass die Geschäftsleute beginnen, ihrem eigenen Geschmack zu misstrauen. Nehmen sie das Beispiel von CBS, einem der drei großen Fernsehnetworks in den USA. Ero Saarinen hat für CBS ein sehr modernes Gebäude entworfen – es ist eines der besseren modernen Gebäude – und dann eine Frau namens Florence Knoll, die ein sehr modernes und sehr teures Möbeldesignstudio führt, mit der Ausstattung der Innenräume beauftragt. Es wurden dabei keine Abänderungen zugelassen! Wenn jemand eine Topfblume aufstellte, wurde die nicht konfisziert oder weggeschmissen, sondern es kam jemand, der die Blumen abschnitt und sie neben dem Topf liegen ließ. So war bald jedem klar, dass es sinnlos war, solche Dinge mitzubringen. Aber im Büro von William Paley, dem Leiter von CBS, gab es nur Antiquitäten aus dem 18. Jahrhundert! Inklusive der Wandvertäfelung alles britisch, mit absurd kostspieligen Ohrensesseln und ähnlichem mehr. Er selbst hatte nichts übrig für moderne Innenarchitektur! Ich finde es eigentlich ermutigend, dass Leute nur aufgrund ihrer felsenfesten Überzeugung Ausgaben in der Höhe von Milliarden von Dollar beeinflussen können.

Michael Bracewell *In ihrem Essay* Chester Gould versus Roy Lichtenstein, *den sie 1976 für das Los Angeles County Museum of Art geschrieben haben, machen Sie die sehr interessante Feststellung, dass kommerzielles Kunsthandwerk künstlerisch oft anspruchsvoller ist als methodisch und inhaltlich vergleichbare Kunst.*

Tom Wolfe Das gehörte alles zum Hauptthema von *The Painted Word*, und ich habe damit die wütendsten Reaktionen ausgelöst, die ich je für eine

Arbeit bekommen habe. Meiner Definition nach besteht die „Kunstwelt“ aus etwa 3.000 Menschen in Amerika und 10.000 Menschen weltweit. Von den 3.000 in Amerika leben nur etwa 300 nicht in New York und Umgebung. Und allein die Künstler aus New York bestimmen, was in der Kunst als guter Geschmack zu gelten hat. Das hat unter anderem dazu geführt, dass Künstler, die angesehen sein wollten, Illustrationen, Comics und die berühmten Brilloschachteln betrachteten, als wären es Objekte, die man auf den Osterinseln gefunden hat. So in der Art: „Man versteht nicht genau wie es hierher gelangt ist, aber es ist interessant –wahrscheinlich hat es einen religiösen Ursprung.“ Solche Dinge wurden für primitive Objekte gehalten. In dem Essay, den sie erwähnten, beschäftige ich mich mit Chester Gould, dem Illustrator, der Dick Tracy geschaffen hat. Er war ein exquisiter Künstler, der die Grenzen des speziellen Druckprozesses bei Comicstrips genau verstand. Man muss sich nur ansehen, wie er bei Dick Tracy mit Hell und Dunkel umgeht, das ist einfach brilliant! Das hat vor ihm noch nie jemand so gemacht, soweit ich weiß. Auch der Umgang mit Farbe – Dick Tracy trug einen gelben Hut, niemand hat je einen gelben Hut getragen! Wie konnte das als primitiv angesehen werden? Man findet hier mehr Können als bei Roy Lichtenstein. Es gibt da einen Satz in Tom Stoppards Stück *Artist Descending a Staircase* (1988), den ich sehr mag. Einer der Darsteller sagt „Phantasie ohne Können, das ergibt moderne Kunst“. Ich glaube das ist ganz richtig. Jemand wie de Kooning konnte nicht einmal eine Katze auf einem Zaun malen; aber er wurde für ein wirkliches Genie gehalten, weil er wie ein Kind malte – wie ein sehr kleines Kind würde ich sagen.

Michael Bracewell *In ihrem Essay* The Luther of Columbus Circle *(1964) beschreiben sie die Gallery of Modern Art, die von dem Multimillionär G. Huntington Hartford II gegründet wurde, um rein gegenständlicher Kunst zu einer Renaissance zu verhelfen. Sympathisieren sie mit Hartfords Ansichten?*
Tom Wolfe Tatsächlich hat mich das Thema in letzter Zeit sehr beschäftigt. Es sieht ganz danach aus, als ob das Gebäude der Gallery of Modern Art am Two Columbus Circle abgerissen werden wird. Ich gehörte zu einer Gruppe von Leuten, die versucht hat, das zu verhindern, vergeblich wohl. Das Museum, das Hartford im Jahr 1960 gegründet hatte, bestand nur für fünf Jahre. Hartford war so reich und fern von allem, dass er kein Konzept hatte, wie man sich ein Netzwerk aufbaut. Er konnte keine Unterstützer finden, die ihm helfen konnten, das Projekt zu betreiben, und nach fünf Jahren konnte er es sich dann alleine einfach nicht mehr leisten. Nebenbei bemerkt, Hartford lebt noch, ich habe vor zwei Monaten mit ihm gesprochen. Inzwischen ist

er ist 95 Jahre alt und wohnt auf den Bahamas. Obwohl er nicht mehr bei bester Gesundheit ist, verfolgt er die Dinge noch mit Interesse. Wie dem auch sei, ich war immer der Meinung, dass das Gebäude des Hartford-Museums für die moderne Architektur einen bedeutenden Schritt nach vorne darstellt. Der Architekt, Edward Durell Stone, war der berühmteste amerikanische moderne Architekt der 20er und 30er Jahre. Er hat das erste Haus im Internationalen Stil an der Ostküste gebaut – so sehr war er Vertreter der orthodoxen Moderne. Aber nach dem Zweiten Weltkrieg war für ihn Schluss: Architektur beruhte auf dem Prinzip antibourgeois sein zu müssen – das heißt, es sollte Architektur für den Arbeiter sein. Folglich durften bei der Inneneinrichtung keine kostspieligen Materialen verwendet werden: kein Marmor und erst recht keine Vertäfelungen aus Walnuss- oder Ebenholz. Das alles galt als bourgeoiser Luxus. Sogar Teppiche waren bourgeois oder bequeme Sessel, alles viel zu vornehm! Man sollte diese in der Praxis unbenutzbaren modernen Einrichtungsstücke verwenden, wie den Barcelona Stuhl [von Mies van der Rohe]. Stone sagte, was soll eigentlich dieses ganze Gerede von antibourgeois. Wir bauen doch Monumente für den Kapitalismus in New York! Hier stimmt doch etwas nicht. Das Museum für Hartford baute er als durchgehende skulpturale Form, ohne jedes äußere Dekor. Die gesamte Fassade bildet eine konkave Kurve. Es ist überhaupt das erste Gebäude, das auf diese Weise gebaut wurde. Ganz aus weißem Marmor wirkt es wie eine einzige riesige moderne Skulptur. Für die Innenausstattung verwendete er Vertäfelungen aus Walnuss- und Ebenholz, er verlegte edle rote und goldene Teppiche und er stellte viele bequeme Sessel auf. Er wollte einfach das Ambiente eines Privathauses einer sehr reichen Person schaffen. Ich betrachte das Gebäude als einen wirklichen Meilenstein in der modernen Architektur. Natürlich wurde der Bau unglaublich verhöhnt, weil er eine Abweichung vom orthodoxen internationalen Stil darstellte. Ich behaupte nicht, dass Hartford ein Genie war, aber er war seiner Zeit offenkundig in vielen Dingen weit voraus. Heute malen alle Kunststudenten in den USA gegenständlich. Der Abstrakte Expressionismus, abstrakte Kunst überhaupt, ist unter den jungen Künstlern, die cool sein wollen, nicht mehr gefragt. Heute würde die Absicht des Hartford-Museums akzeptiert werden. Hartford versuchte zu sagen: „Es gibt moderne Malerei, aber solange sie nicht gegenständlich ist, ist es einfach nur eine Tapete". Ich halte das für eine ziemlich gute Definition nicht gegenständlicher Kunst.

Michael Bracewell *Am Ende ihres jüngsten Romans* I am Charlotte Simmons *scheint Charlotte rettungslos verloren zu sein. Durch ihren Wunsch, eine beliebte Studentin zu werden, ist sie von ihrem viel versprechenden akademischen Weg abgekommen und beginnt im sozialen Sumpf zu versinken. Ist sie wirklich rettungslos verloren?*

Tom Wolfe Ich habe drei Möglichkeiten für das Ende des Buches gesehen, und ich habe mich, so denke ich, für die Version entschieden, die am meisten erniedrigend ist. Eine Möglichkeit wäre gewesen, dass Charlotte zu einer versoffenen Schlampe wird, zu einer gefallenen Frau, wie man sagt. Die zweite Möglichkeit hätte darin bestanden, dass sie ihre Fehler einsieht und eine Campusbewegung initiiert um anderen zu helfen, nicht wie sie vom Weg abzukommen. Die letzte und meiner Meinung nach schlimmste Möglichkeit ist aber, dass Charlotte dem sozialen Druck nicht standhalten kann. Als ruinierte Existenz hätte sie doch zumindest noch eine Lehre für andere sein können. So aber gibt sie sich damit zufrieden, die Freundin eines Sportlers zu sein, weil es ihr soziales Prestige verleiht und das, obwohl sie diesen Sport offenkundig nicht mag und auch nicht in diesen Typen verliebt ist.

Michael Bracewell *Ich glaube, man kann sagen, dass Sie in ihrer literarischen Arbeit die Welt sehr düster zeichnen. Alexander Pope schreibt am Ende von* The Dunicad *(1728), dass die „allumfassende Dunkelheit" alles unter sich begräbt. Empfinden sie die gegenwärtige Gesellschaft als hoffnungslos?*

Tom Wolfe Nein, ganz und gar nicht. Als *The Bonfire of the Vanities* erschienen ist, sagten die Leute, der Roman sei eine Attacke gegen die Gier und die politische und finanzielle Korruption in New York. Dabei war ich doch voller Bewunderung für die Leute, die hier beschrieben sind. – Schauen sie sich ihn doch an! Schauen sie, wie er lebt, ich meine, mein Gott, das ist doch fantastisch!

Michael Bracewell *Glauben sie, dass es in Amerika einen bedeutsamen Aufstieg der politischen Rechten gibt?*

Tom Wolfe Ich glaube nicht, dass es je einen nennenswerten Aufstieg der amerikanischen Rechten oder amerikanischen Linken gegeben hat. In den Vereinigten Staaten verhält sich die Regierung wie ein Zug, der unerschütterlich seinen Gleisen folgt. Und es gibt die Leute auf der Rechten und auf der Linken, die sich immerfort über dieses und jenes beschweren. Angesichts des vermeintlichen Versagens im Irakkrieg werden zur Zeit die Rechten lauter und lauter. Aber sie können alle schreien soviel sie wollen, der Zug wird unbeirrt auf seinen Schienen weiterrollen. Ein Zug kann seine Richtung nicht ändern. Ich erinnere mich noch genau daran, als Ronald Reagan an die Macht kam. Er wollte das Unterrichtsministerium abschaffen und die Regierung sollte auf das Niveau eines Sondereinheitskommandos der Army abgespeckt werden. Nichts davon ist passiert. Auf die selbe Weise lief es ab, als Bill Clinton an die Macht kam: Er wollte ein soziales Gesundheitssystem, eine nationale Gesundheitsfürsorge wie in Großbritannien einführen. Und wieder ist nichts passiert. Der Zug bewegte sich einfach stampfend weiter. Es ist wahrscheinlich vorteilhaft, dass es in den USA nur zwei politische Parteien gibt, es läuft gut so – wechselseitige Kontrolle, checks and balances. Sogar in den 60ern, als es wirklich radikale Bewegungen gab, bestand absolut keine Gefahr, dass etwas passiert. Es war größtenteils Theater, Theater veranstaltet von Leuten, die nicht zum Militär eingezogen werden wollten. Eines Tages war plötzlich alles vorbei. In dem Moment als klar wurde, dass niemand mehr befürchten musste eingezogen zu werden, löste sich die ganze radikale Bewegung auf – das war im Herbst 1970. Und der Zug fuhr weiter.

*Michael Bracewell schreibt eine Biographie über Roxy Music.*

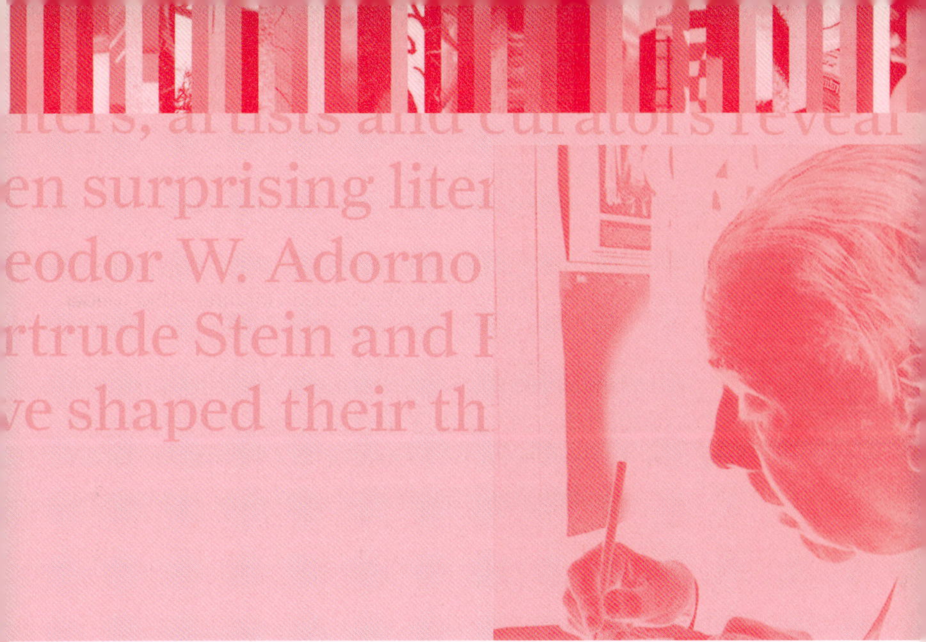


Writers, artists and curators reveal the often surprising literary influences – from Theodor W. Adorno to Lester Bangs, Gertrude Stein and P.G. Wodehouse – that have shaped their thinking.

## >> Welche Literatur hat Ihr Denken über Kunst am stärksten beeinflusst?

*SchriftstellerInnen, KünstlerInnen und KuratorInnen enthüllen ihre oftmals überraschenden literarischen Einflüsse - angefangen von Theodor W. Adorno bis Lester Bangs, Getrude Stein und P. G.Wodehouse.*

### Marina Abramović

*Die in New York lebende Künstlerin aus Belgrad war eine Vorreiterin in der Performance als visuelle Kunstform, wobei sie ihren Körper sowohl als Sujet als auch als Medium einsetzte. Auf ihrer Suche nach emotionaler und spiritueller Wandlung lotet sie ihre eigenen physischen und mentalen Grenzen aus und erträgt dabei Schmerz, Erschöpfung und Gefahren.*

>>Leonard Susskind, *The Cosmic Landscape: String Theory and the Illusion of Intelligent Design* (2005); Richard P. Feynman, *Six Not So Easy Pieces: Relativity, Symmetry, and Space-Time* (2004); Lawrence Lessig, *The Future of Ideas: The Fate of the Commons in a Connected World* (2002); Christopher Thomas Scott: *Stem Cell Now* (2005); Dalai Lama: *The Universe in a Single Atom: The Convergence of Science and Spirituality* (2005). Alle diese Bücher über Wissenschaft, Technologie und Spiritualität inspirieren mich zu meiner Arbeit.

### Daniel Birnbaum

*ist Rektor an der Städelschule in Frankfurt und Autor. Seine jüngste Veröffentlichung ist* Chronology *(Lukas & Sternberg, 2005).*

>>Meine Sicht der Kunst wurde von jenen Büchern geprägt, die mir überhaupt erst die Augen dafür öffneten, dass es so etwas wie Kunst gibt: die Romane von Franz Kafka, André Gide, Thomas Mann und Fjodor M. Dostojewski, sowie die Stücke von August Strindberg. Später bekam ich ein Gefühl dafür, dass es eine Art Literatur ‚nach der Literatur' gibt, eine Art zu schreiben, die es als irgendwie erwiesen ansieht, dass alles schon einmal geschrieben wurde: Ich denke dabei an Italo Calvino, Roland Barthes

und Maurice Blanchot. Bei den *Fictions* (1944) von Jorge Luis Borges bin ich mir nicht sicher, in wie weit sie mein Kunstverständnis verändert haben, sicherlich aber hat es etwas mit temporaler Multiziplität zu tun. Es gibt keinen anderen Autor, mit dessen Werken ich so viel Zeit verbracht habe.

## Michael Bracewell

*unterstützt von Bryan Ferry und Brian Eno schreibt er gerade an einem Buch über Roxy Music.*

>>Es waren die gesammelten Schriften von Oskar Wilde, die mich als erste zu der Erkenntnis brachten, dass zwischen dem Schreiben und der Kunst nicht nur ein Dialog stattfindet, sondern dass es ein Gespräch zwischen Gleichberechtigten ist. Wilde befürwortete eine Form der Kunstbetrachtung, die untrennbar mit der Betrachtung des Lebensstils verbunden ist, und er erschuf damit die These, man könne ‚künstlerisch leben', und die Kunst könne viele Formen annehmen. Andy Warhols Buch *From A to B and Back Again* (1975) war von ähnlich zentraler Bedeutung. Seine Gedanken über die Vernetzung von Kunst und Lebensstil liefern uns nicht nur das Rüstzeug für die Interpretation seiner eigenen Werke, sondern darüber hinaus auch für die Betrachtung der sich immer mehr beschleunigenden Kommerzialisierung der Kultur in der Nachkriegszeit. Richard Hamiltons *Collected Words* (1982) ist ebenfalls ein unerlässliches Handbuch zum Verständnis der Verschmelzung von Kunst, Design, Technologie und der Massenmedien, die inzwischen in zeitgenössischer Kunst und Kultur vorherrscht. Hervorzuheben ist hierbei vor allem sein berühmtes Essay für „Living Arts 2, Urban Image" (1963). Der gemeinsame Nenner meiner Auswahl ist, dass sich alle Titel mit dem Thema beschäftigen, wie die Kunst innerhalb des gewachsenen Erfahrungshorizonts der modernen Welt ihren Platz findet.

## Kate Bush

*Leiterin der Barbican Art Galleries im Barbican Center, London.*

>>Schon immer haben großartige Fotografien große Autoren unendlich inspiriert: James Agee und Walker Evans, Nadine Gordimer und David Goldblatt, Robert Frank und Jack Kerouac, Blaise Cendrars und Robert Doisneau, um nur einige zu nennen – das ist nicht weiter erstaunlich in Anbetracht der Tatsache, dass Fotografie von Natur aus erzählend und romanhaft ist. Wenn ich mir über die gemeinsamen positiven Eigenschaften einiger mei-

ner langjährigen Lieblingsbücher Gedanken mache, wird mir bewusst, dass viele von ihnen dokumentarische Romane sind. Es war die Literatur mit sozusagen fotografischer Qualität, die mich anzog. Ob ich meine Liebe zur Fotografie über eine bestimmte Art des Schreibens entdeckte, oder ob ich auf ähnliche Eigenschaften bei beiden reagiere, ich weiß es nicht. Ryszard Kapucinskis *The Emperor, Downfall of an Autocrat* (1978); Truman Capotes *In Cold Blood* (1965); Thomas Bernhards *The Voice Imitator* (1997); dies sind einige der Bücher, die mir über die Jahre in Erinnerung geblieben sind. Alle sind großartige Werke von Autoren mit journalistischer Ausbildung, und alle weben ihre Geschichten auf der Basis von Berichten oder Erzählungen aus erster Hand. Alle bewegen sich zwischen der präzise beobachteten Welt und der Welt mit neuen Bedeutungen und einer neuen ästhetischen Form. Tom Wolfe sagte 1972 über den New Journalism, den Reportagestil, den er inspiriert durch *In Cold Blood* geprägt hatte, dass jener das Lebensgefühl zu einer bestimmten Zeit an einem bestimmten Ort vermittle. Er hätte auch über eine großartige Fotografie sprechen können.

## Paul Chan

*ein in New York lebender Künstler.*

>>Theodor W. Adorno, *Aesthetic Theory* (1970). Gleich zum Anfang - es ist lustig: „Es ist offensichtlich, dass nichts die Kunst betreffend länger offensichtlich ist, nicht ihr Innenleben, nicht ihre Beziehung zur Welt, nicht einmal ihr Recht auf Existenz." Es ist auch überraschend zart: „Das Lied der Vögel empfindet jeder als schön; kein fühlender Mensch, in dem noch ein klein wenig europäische Tradition überlebt hat, wird beim Klang eines Rotkehlchens nach einem Regenschauer unbewegt bleiben." Ich weiß. Niemand liest *Aesthetic Theory*, um mal wieder richtig zu weinen. Immerhin ist es Adorno, der dunkle Prinz der Nachkriegsphilosophie. Nach Auschwitz, im wachsenden Reich der Kulturindustrie, inmitten der Geschehnisse im Mai 1968, sieht er kein Entkommen vor der Herrschaft und keinen Aufschub des Leidens mehr. Es ist trostlos: „[die Kunst] ist heute kaum vorstellbar, höchstens als eine Form von Reaktion, die die Apokalypse erwartet." Jedoch hält er an der Kunst fest und an einer Art des Denkens durch Kunst als die einzig mögliche Quelle von Hoffnung und Widerstand, die uns bleibt: „Kant sah Kunst heimlich als Diener. Kunst wird menschlich in dem Moment, in dem sie diesen Dienst verweigert. Ihre Menschlichkeit ist unvereinbar mit jeglicher Ideologie, die sie im Dienst der Menschheit sieht. Sie ist nur loyal der Menschheit gegenüber, indem sie ihr gegenüber unmenschlich ist."

Kunst ist für Adorno ein gebrochenes, jedoch nicht vergessenes Versprechen. Aber welches Versprechen genau? „Das Naturschöne teilt die Schwäche aller Verheißung mit deren Unauslöschlichkeit. Mögen immer die Worte von der Natur abprallen, ihre Sprache verraten an die, von welcher jene qualitativ sich scheidet - keine Kritik der Naturteleologie kann fortschaffen, dass südliche Länder wolkenlose Tage kennen, die sind, als ob sie darauf warten, wahrgenommen zu werden. Indem sie so strahlend unverstört zum Ende sich neigen, wie sie begannen, geht von ihnen aus, nicht sei alles verloren, alles könne gut werden." Worte ja, aber in Wirklichkeit Sirenengesang.

## Suzanne Cotter

*Chefkuratorin, Modern Art Oxford.*

>>Kritische Schriften haben die Art und Weise wie ich über Kunst denke Schritt für Schritt und wissenserweiternd beeinflusst . Da gibt es die bahnbrechenden Texte und Anthologien, die für mich bis zu Charles Beaudelaire, Denis Diderot und sogar Giorgio Vasaris *Live of the Artists* (1568) zurückgehen. Ihre Werke boten eine Mixtur aus Analyse, Meinung, Zusammenhang und Anekdote, welche die Zutaten der Kritik sind. Die Schriften von Clement Greenberg und Leo Steinberg gaben mir das notwendige Fundament für meine Kunstreflektion, wohingegen die intellektuelle Strenge der Bücher und Aufsätze von Rosalind Krauss elementar war. Walter Benjamins Schriften bleiben von großem Einfluss für mich und ein Richtwert. Das gleiche gilt für Roland Barthes. Das Werk Benjamin Buchlohs ist ein atemberaubendes Leuchtfeuer intellektuellen Denkens und kritischer Darstellung, während die Essays von Dave Hickey einen wichtigen und einflussreichen Kontrapunkt zu vielen heutigen Kritiken darstellen. Hickey war ein brillanter Stilist. Seine Gelehrsamkeit und seine Betonung der Subjektivität erlaubten mir, und ich denke auch vielen anderen, über Kunst in einer Art und Weise zu denken und zu reden, die auf eine sehr gewöhnliche, dennoch tiefgehende Weise eine Verbindung zu unserem Leben herstellt. Daniel Birnbaum ist in seiner Klarheit des Denkens und mit seiner Auseinandersetzung mit Künstlern und Ideen beispielhaft unter meinen Zeitgenossen. In Britannien ist Michael Bracewell einer meiner Lieblingsautoren über Kunst und deren Platz innerhalb eines erweiterten Kulturbegriffs. Robert Storrs Monographie über Philip Guston ist immer noch eine der aufschlussreichsten Darstellungen des Lebens eines Künstlers und seiner Werke, die ich jemals gelesen habe. Schriften von Künstlern waren ebenfalls ausschlaggebend für die Art und Weise, wie ich über Kunst denke, hier besonders von Marcel Duchamp, Andy Warhol und Robert Smith-

son. In jüngerer Zeit war David Batchelors *Chromophobia* (2000) eine wichtige Quelle der Inspiration für mich. Seine weitreichenden Betrachtungen, gespeist aus Batchelors intimer Kenntnis der künstlerischen Praxis, haben mir unschätzbare Einsichten in den künstlerischen Prozess und dessen Unsicherheiten geliefert.

## Bice Curiger

*ist Kuratorin am Kunsthaus Zürich und Chefredaktorin von* Parkett. *Sie ist auch Herausgeberin der Museumszeitschrift* TATE ETC.

>>Die offensichtlichen Theoretiker und Philosophen, die uns als Hintergrundsmusik begleiten, werde ich nicht erwähnen. Obwohl deren Lektüre bestimmend ist, sie bleibt lateral.
Ich zähle dagegen einige Bücher auf wie *Mundunculum* (1967) von Dieter Roth, *The Philosophy of Andy Warhol (From A to B and Back Again)*, *Heligobalus or the Crowned Anarchist* (1975) von Antonin Artaud, René Daumals *Mont Analogue* oder Thomas Hirschhorns schriftliche Kommentare als Beispiele für Lektüre, die zum Kern führt. Dann waren und sind es jene Texte über Kunst, welche mit Unerbittlichkeit die Frage nach Relevanz und Qualität stellen. Da gerät man in eine Welt der Abwägungen und der warm/kalt-Kontraste, und ich bringe hier zwei Texte ins Spiel, die sich in Ambition und hellsichtigem Engagement in nichts unterscheiden, und doch wie Tag und Nacht sind: Barbara M. Rises vierteiliger Artikel über Sigmar Polke in *Studio International* (Nr. 982-985, 1976) versus Benjamin H. D. Buchlohs Text über den gleichen Künstler im Katalog der Kunsthalle Tübingen im gleichen Jahr. Dann gibt es Texte zur kreativen Energie der Zeit, die treffen einen wie helle Geistkugeln aus einer dumpfen Ecke, das war der Fall mit Diedrich Diederichsen als er in einer Zeitschrift schrieb, die *Sounds* hiess (nicht *Spex*, das kam später). Als Zugabe führe ich noch Martin Warnke über Aby Warburg an, Rem Koolhaas' *Delirious New York* (1978), Edit de Ak in den frühen 80er in *Artforum*, und alle, alle *Parkett*-Texte, die ich in meinem Leben redigiert habe.

## Brian Dillon

*Seine unter dem Titel* In the Dark Room *veröffentlichten Memoiren wurden mit dem Irish Book Award für Nonfiction ausge*zeichnet.

>>Als Kind war ich künstlerisch vollkommen unbegabt, aber Oscar Wildes Aphorismen zeigten mir, dass auch das Nachdenken über Kunst selbst Kunst sein kann. Mit 16 entdeckte ich Tristan Tzaras dadaistisches Manifest

in der öffentlichen Bibliothek („Sich abmühn und die Flügel spitzen": ein guter Rat). Von Roland Barthes und Walter Benjamin lernte ich, Fotografien zu betrachten; von John Cage und Gertrude Stein, wie ich meine Seh- und Hörgewohnheiten ablegen kann. Ich bin viel mehr von bestimmten Denk- und Darstellungsweisen fasziniert, als von umfassenden Antworten auf die großen Fragen der Geschichte, Natur oder der Funktion von Kunst. Der Autor, der mich in letzter Zeit am meisten zum Nachdenken über Materie, Raum, Zeit und Wahrnehmung (und somit über Kunst) angeregt hat, ist der Essayist Tim Robinson. Seine Bücher *Stones of Aran* (1995) und *Connemara*, das in Kürze erscheinen wird, sind vorbildlich; sie bestehen aus Landschaftsbeschreibungen, Geschichte und etwas, das der Metaphysik nahe kommt. Robinson verließ 1972 die Londoner Kunstszene, um diese Bücher zu schreiben. Er verdankt John Ruskin manches, John Berger ein wenig, und Robert Smithson vielleicht sehr viel. Aber er ist zugleich einzigartig in der englischen Literatur: Ich hoffe, eines Tages ein Kunstwerk mit nur halb so viel Präzision beschreiben zu können, wie er Luft, Fels und Wasser.

## Dominic Eichler

*In Berlin lebender Kunstkritiker, Musiker und Künstler. Erhielt 2005 den Preis für Kunstkritik der Arbeitsgemeinschaft deutscher Kunstvereine (ADKV).*

>>Einfluss umfasst Erziehung, Bewunderung, Eifersucht und Abscheu – ziemlich persönliche Dinge. Einflüsse öffentlich zuzugeben, scheint unbescheiden oder unehrlich zu sein. Falls Einflüsse auch etwas sind, dem du entgegentrittst, dann sind langweilige oder anmaßende Schriften über Kunst (gibt es überall) ein starker Einfluss, denn sogar während sie töten was du liebst, erinnern sie mich daran, warum die Anstrengung, es zumindest zu versuchen und es besser zu machen, notwendig ist. Ich dachte daran, der Frage mit der Antwort auszuweichen: ‚Liedtexte der Musik, die man zufällig hört, während man über Kunst schreibt' (an schlechten Tagen Nico im Wiederholungsmodus: „Bitte erinnere mich nicht an meine Fehlschläge, ich habe sie nicht vergessen"), aber beschloss, dies sei zu albern, beleidigend und ausgeflippt. Etwas näher an der Wahrheit läge: Alles Geschriebene, das mir jemals von einem befreundeten Künstler empfohlen wurde. Danke (aus dem Bauch heraus, ohne bestimmte Reihenfolge) für Eve K. Sedgwicks *Epistemology of the Closet* (1992), Craig Owens' *Beyond Recognition: Representation, Power, and Culture* (1992), Douglas Crimps Essay *Getting the Warhol we Deserve* (1999) und Edmund Whites Jean Genet Biographie, *Genet: A Biography* (1993), vielleicht weil ich es lese, während ich auf einer Kunstmesse arbeite.

## Peter Eleey

*Kurator und Produzent bei Creative Time, New York.*

>>David Freedbergs Buch *The Power of Images: Studies in the History and Theory of Response* (1989) hat meine Auffassung von Kunst geprägt, indem es mein Denken über meine Beziehung zu Kunst verändert hat. Das Buch ist eine Art ethnographische Studie über den historischen Umgang mit Bildern in unserer westlichen Kultur: wie sie uns beeinflussen, und wie sie unsere Sehnsüchte und Ängste reflektieren. Freedbergs Behauptung, dass wir trotz des konzeptuellen Zugangs, die die Kunst uns abverlangt, ein Bedürfnis nach einer eher intuitiven, direkteren emotionalen Verbindung mit visueller Kultur haben, beruht auf der Untersuchung zahlreicher Themenkomplexe – weinende Ikonen, Aberglaube und Visionen, aber auch provokante Kunstwerke und deren Zensur. Beim Lesen des Buches wurde mir erneut das Offensichtliche bewusst: Ich fühle mich teilweise deshalb zur Kunst hingezogen, weil sie mich täglich dazu bringt, mich ihren Herausforderungen auszusetzen und in ihrer Gegenwart verletzlich zu sein – in der Beziehung zur Kunst spiegelt sich mein Verhältnis zur Welt.

## Juliana Engberg

*Künstlerische Leiterin des Australian Centre for Contemporary Art. Sie ist zudem kuratorische Beraterin des australischen Beitrags der Biennale Venedig 2007.*

>>Das ist eine sehr schwierige Frage. Wie kann man einen bestimmten Text herausgreifen, wenn so viele Texte im Laufe des schrittweisen Lernens und Verstehens von Kunst prägend waren? Und vielleicht nicht nur in Bezug auf Kunst, sondern insgesamt für das Denken. Über Interpretation. Gegen Interpretation. Zwischen Interpretationen. Und so kommen wir direkt zu Susan Sontag. Die Liste scheint endlos, aber ich schaffe es einfach nicht, nur wenige Schlüsseltexte zu nennen. Sigmund Freuds Essay „Das Unheimliche" (1919) bleibt ein Meilenstein der Literatur. Ich kehre immer wieder zu ihm zurück und andere Autoren verweisen auf ihn und erinnern einen daran. Zum Beispiel Hal Foster. Er scheint so unendlich relevant für das Verständnis von so viel Kunst und Architektur; Erinnerung und die Kunst, die aus solchen verborgenen Phantasien entspringt. Auch Roland Barthes Text über das Punktum in *Camera Lucida* (1982) ist wunderbar. Im Konzept des Punktum entdecke ich die libidinösen Öffnungen der Kunst, die für das aktive Begehren des Betrachters stehen. Robert Morris' *Notes on Sculpture* (1968) bleibt einer meiner Lieblingstexte, er be-

reitet den Weg für das Verständnis der Beschäftigung mit Gestalt in der Minimal-Würfel-Geste und erklärt außerdem den phänomenologischen Ansatz auf äußerst eingängliche Art, der dann den Trend in Richtung Installation angetrieben hat. Linda Nochlin ist nach wie vor eine Heldin für ihre frühe Arbeit zu Frauen als Thema und Objekt von Kunst. Martin Jays kolossales Werk *Downcast Eyes: The Denigration of Vision in 20th Century French Thought* (1993) ist in letzter Zeit zu einem meiner Favoriten geworden: so umwerfend breit angelegt, dass es von den Griechen und Goethe bis zum Poststrukturalismus alles in einer beeindruckenden, klugen Studie versammelt. All das nenne ich ohne langes Nachdenken – vielleicht sollte ich ergänzend einen Schnappschuss meines Bücherregals schicken.

## Alex Farquharson

*Autor und Kurator, lebt in London*

>>An den Anfang meiner Zusammenstellung einer „Bibliothek von Babel" (Jorge Luis Borges) mit Texten, die mein Denken über Kunst beeinflusst haben, könnte ich stellen: *Labyrinths* (1976) von Borges, *The Order of Things* (1966) von Michel Foucault, Robert Smithson: *The Collected Writings*, (1996), „Playing with Dead Things" von Mike Kelley (2004), *Das Passagen-Werk* (1927) von Walter Benjamin, *The Painter of Modern Life* (1863) von Charles Baudelaire, *A Rebours* (1884) von J-K Huysmans, *The Power of Display* (1998) von Mary-Anne Staniszewski, "*Inside the White Cube*" (1976) von Brian O'Doherty, *Critical Condition* (2003) von Julie Ault & Martin Beck, *Learning from Las Vegas* (1972) von Venturi, Scott Brown & Izenour, *The Queen's Throat* (1993) von Wayne Kostenbaum, Julia Kristeva *Interviews* (1996), *[Sic]* (1993) von Sean Landers, *Auf der Suche nach der verlorenen Zeit* (1913-1927) von Marcel Proust und *Wouldn't it by Nice: My True Story* (1991) von Brian Wilson.

## Dan Fox

*Associate Editor von* frieze.

>>Mein Denken über Kunst ist untrennbar mit dem Schreiben darüber verknüpft. Während die Ideen einiger Philosophen und Theoretiker hängen geblieben sind (vorhersehbares Zeug: Walter Benjamin, Roland Barthes und seit kurzem Edward W. Said; einiger marxistischer Schnickschnack; eine Teenager-Vernarrtheit in die Situationisten; ein paar hoffnungslos unmodische Engländer wie Betrand Russell und Isaiah Berlin), würde ich nie sagen, dass ich deren Texte genossen habe. Meine Präferenzen sind gna-

denlos literarisch. Ich bewundere Schreiben, das großzügig mit dem Leser umgeht. Der langsame Verfall sprachlicher Ausdruckskraft durch ihre fahrlässige Überstrapazierung im ‚Artspeak', und die Vereinnahmung des kritischen Wortschatzes durch Kulturmanager ist eine Fäulnis, vor der man sich in Acht nehmen muss.
Auf diesem Umweg möchte ich folgendes nominieren: Die späten Texte von Stuart Morgan, gefolgt von Dave Hickeys *Air Guitar* (1997); *Inside the White Cube* von Brian O'Doherty (1976); Tom Wolfes *Radical Chic and Mau-Mauing the Flak-Catchers* (1970); die Filmemacher Werner Herzog und Derek Jarman , insbesondere *Herzog on Herzog* (2002) und *The Last of England* (1987; unter dem Titel *Kicking the Pricks* 1996 wieder veröffentlicht); die Romane von B. S. Johnson, Alasdair Gray, Virginia Woolf und Thomas Pynchon; Richard Meltzers *The Aesthetics of Rock* (1970) und meinen absoluter Lieblingsexzentriker, Lester Bangs.

## Jonathan Griffin

*Redaktionsassistent bei* frieze.

>>Als Student las ich zum ersten Mal George Batailles *The Accursed Share* (1967), und verstand dank dieses Texts wirklich die für die Kunst vitalen Tauschverhältnisse; in meinem Denken über Kunst war Großzügigkeit immer grundlegend. Dave Hickeys „Nothing Like The Son: On Robert Mappelthorpe's X Portfolio" (1993) ist eines seiner typischen, ausufernden Fortgeschrittenenseminare über das Verständnis von und den Umgang mit dem unerwarteten Geschenk Batailles. Sowohl Bill Drummonds Buch *45* (2000) als auch Duncan McLaren's *Personal Delivery* (1998) haben mich durch ihren arglosen Enthusiasmus für künstlerische Produktion und das Denken über Kunst überzeugt und weckten in mir das Verlangen nach ähnlich unerschrockenen Abenteuern, ebenso wie George Plimptons mutiger partizipatorischer Journalismus. Außerdem möchte ich Benjamin Weissmanns Artikel „Hirsch Perlman Saved from Avalanche" in *frieze* vom April 2003 (Ausgabe 74) erwähnen. Mir fällt kein anderer Text über Kunst ein, der mir bei jedem Lesen erneut das Herz bricht.

## Bruce Hainley

*Associate Director der Graduate Studies in Criticism and Theory am Art Center College of Design, Pasadena.*

>>Die gesammelten Artikel von Boyd McDonald wurden als *Cruising the Movies: A Sexual Guide to 'Oldies' on TV* (New York, Gay Presses of New York, 1985) veröffentlicht – McDonald ist der Gründer von *S. T. H.: The New York Review of Cocksucking* (Gore Vidal, ca. 1981: „eine der besten radikalen Zeitungen im Land") und schreibt außerdem für *Christopher Street, New York Native, Connection* und *Philadelphia Gay News*. Der Autor sagte über diesen erfrischend theoretischen Wälzer – mit seiner unerschrockenen Präzision, historischen Klarheit und seinem pikantem Nervenkitzel ein Vorbild für Kritik –, es behandle „streng genommen nicht Filme; häufig benutze es sie als Vorwand für politische, soziale, sexuelle, psychologische, biographische, oder autobiographische Kommentare." Kunst als Gleitmittel, um es in Angriff zu nehmen (das Denken). Sein Essay über *The Big Circus* – „am 14. April 1984 um 3 Uhr nachmittags im Fünften Programm geschaut" – konzentriert sich auf David Nelsons Auftritt als Trapezkünstler in weißen Strumpfhosen. Der dritte Paragraph ist ein Beweis für die Brillanz von McDonalds ausgelassener Analyse:

„Selbst wenn er außer *The Big Circus* keinen anderen Film gemacht hätte, würde David Nelson zu Hollywoods erstklassigen Lutschobjekten zählen. Sein Körper wird, nicht nur auf dem Trapez, zu einer Vielfalt von Figuren, die ohne Übertreibung als ‚historisch' bezeichnet werden können. In den seltenen Fällen, in welchen er seinen Arsch zur Kamera wendet, kann der sich ekstatisch an seine Ritze schmiegende weiße Stoff Männer mit Sinn für Ästhetik nur zur Atemnot treiben. Bei Treffen seriöser Cineasten wenden sich die Spekulationen früher oder später David Nelsons Arschloch zu – seinem ‚vitalen Zentrum', um einen Ausdruck Arthur Schlesingers zu verwenden. Aufgrund des kompletten Fehlens veröffentlichten Datenmaterials – David war zwei Mal verheiratet, aber falls eine seiner Gattinnen ein spezielles Interesse an seinem oder Kenntnis über sein Arschloch hatte, dann hat sie nichts darüber publiziert – bleibt Filmwissenschaftlern nur übrig aus in seinem Gesicht sichtbarer Information zu deduzieren, insbesondere von den Augenbrauenhärchen und seinen rosa Lippen. Die meisten würden glaube ich schlussfolgern, dass sein Loch und die Haare, die seinen ornamentalen Rahmen bildeten, zu den feinsten in der Filmmetropole gehörten. Im Gegensatz dazu deuten die schweren schwarzen Brauen von Brooke Shields und Matt Dillon die drohende Wahrscheinlichkeit an, dass diese beiden jüngeren Akteure im wahrsten Sinne des Wortes ‚plüschige Kehrseiten' haben.

## Jörg Heiser

*Mitherausgeber von* frieze.

>>Thierry de Duves *Kant after Duchamp* (1996) ist eines der Bücher, die mein Denken über Kunst am meisten beeinflussten. Es ist randvoll mit Gedanken, nicht nur über den Paradigmenwechsel von Kants ästhetischem Werturteil „das ist schön" zu Marcel Duchamps Umgehung eines solchen mit der Behauptung „das ist Kunst", sondern auch ganz allgemein über das Verhältnis von KünstlerInnen und Öffentlichkeit. Ein anderes Buch ist Jacqueline Roses *Sexuality in the Field of Vision* (1986) – wie und warum sexuelle Differenz in der Kunst kein Nebenthema ist, sondern das Feld des Visuellen geradezu durchquert.

Zwei weitere für mich sehr bedeutende Bücher haben nichts mit bildender Kunst zu tun. Eines ist Maurice Merleau-Pontys *Les aventures de la dialectique* (1955); eine kritische Bestandsaufnahme totalitärer Tendenzen in linkem Denken, einschließlich in jenem seines Freundes Jean-Paul Sartre (der trotz der Existenz von Gulags Solidarität mit der Stalinistischen Sowjetunion bekundet hatte). Als ich dieses Buch 1993 zum ersten Mal las, war ich nicht so sehr von Merleau-Pontys Bereitschaft beeindruckt, seine Freundschaft mit Sartre aufs Spiel zu setzen, als vielmehr von der Art und Weise, in der er politisches Denken porträtierte – beispielsweise seine Definition der Partei als „reines Handeln", in der er Existenzialismus erfolgreich auf Stalinismus anwendet – ohne jeden Konjunktiv. Er scheint mit Sartres Ansicht völlig einverstanden, bis er sie dann in Aussagen wie „Die Gewissheit, im Besitz der Wahrheit zu sein, ist schwindelerregend. Sie ist an sich schon Gewalt" demontiert.

Noch ein Buch ist Italo Svevos *La Coscienza di Zeno* (1923), ein unterhaltsames Gegengift zu Merlau-Pontys düsterer Abrechnung. Lange vor Woody Allen ist es die vielleicht erste Parodie der Strategien, mit denen wir unsere Symptome wegrationalisieren, indem wir sie analysieren (Zeno Cosini, der Protagonist, schreibt auf Anregung seines Psychoanalytikers seine Autobiografie). Auch dieses Buch wurde mit größter Überzeugung verfasst, und dennoch gibt es innere Bruchstellen, wenn Zeno andeutet, dass er sich im Grunde genommen selbst zum Narren hält. Oder werden wir zum Narren gehalten? Die Lektion daraus: Vergiss niemals die Position, von der aus du betrachtest, denkst und sprichst, wenn du betrachtest, denkst und sprichst.

## Jennifer Higgie

*Mitherausgeberin von* frieze.

>>Als Kind ist mir auf einer langen Seereise mit meiner Familie der Lesestoff ausgegangen (ich kann mich an keinen der Titel mehr erinnern). Mein Vater schlug mir vor, seine Bücher anzuschauen, hauptsächlich P. G. Wodehouse-Bände und die gesammelten Texte von Winston Churchill. Ich entschied mich für Wodehouse und war von der ersten Zeile an wie verwandelt – diese distanzierte, launische Teenagerin lachte! Ich entdeckte eine Welt, in der alles schräg und voll Leben war, von den Milchkannen bis hin zu den schottischen Terriern („Sie passte in meinen größten Sessel, als hätte ihn jemand für sie angefertigt, der wusste, dass man diese Saison Sessel eng über der Hüfte trug.") Wodehouse war eine ausgezeichnete, wenn auch verschrobene Einführung in die Welt der Kunst; ein Ort, an dem jedes Objekt mehr ist als die Summe seiner Teile. Im Lauf weniger Jahre beanspruchten andere heißgeliebte Wälzer ihren Platz neben den verrückten Heldentaten ewiger Gecken: Die Schriften von Robert Smithson, dessen messerscharfer Verstand im Drones Club nicht fehl am Platz gewesen wäre; Ovids *Metamorphosis*; John Cages Meditationen über Freunde, Pilze und Sound; Louise Bourgeois' Unverblümtheit; Norman Brysons *Looking at the Overlooked* (1990); Zbigniew Herberts *Still Life with a Bridle* (1993) und Gaston Bachelards *The Poetics of Space* (1958), Bücher, die jeden Raum und jedes verstaubte Stillleben verlebendigen; Jean Rhys' Meditationen über urbane Einsamkeit; Dave Hickeys *Air Guitar* (1997) (Die Lust und die Freiheit!); Anton Tschechows erste Zeilen; Rosalind Krauss' Essay „Grids" von 1979 (Ich kann seither nicht mehr auf die gleiche Art aus dem Fenster sehen wie vorher) and Susan Sontags Essaysammlung *Styles of Radical Will* aus dem Jahr 1981 (vor allem *„The Aesthetics of Silence"*); die Verse von T. S. Eliot; Agnes Martins Ernsthaftigkeit; alles von Marguerite Duras. Die Liste ist endlos, aber diese Bücher überzeugten mich, als ich jung und beeindruckbar war. Ein Leben ohne Lesen wäre für mich bedeutungslos.

## Roger Hiorns

*Künstler und Autor, lebt in London.*

>>In einer Zeit, in der alle Tendenzen und Anliegen gleichzeitig ‚eingeschaltet' sind, werden Meldungen und Berichte von anderen Realitäten als jenen, die wir bewohnen, zunehmend wichtiger. Die Feststellung scheint nötig, dass das, was man nicht liest, die eigene Veranlagung genauso definiert, wie das, womit man sich auseinandersetzt. Ich plädiere damit weni-

ger für eine Form persönlicher Gedankenkontrolle, als vielmehr für die Einsicht, dass sich gängige Ideen durch die Mainstreamkultur verbreiten und uns so indirekt erreichen wie die in einer Übersetzung hinzugefügten Bedeutungen. Mit einer passiven Haltung und ohne Zwang zur Begeisterung, kann man durch Untreue zu Texten, in Kombination mit ihrem Vermögen, beim Abdriften zu helfen, einen Ort finden, an dem nichts grundsätzlich wahr und fast alles erlaubt ist. Zwischen dem Bombeneinschlag und dem radioaktiven Niederschlag verwandeln sie sich beide.
Also; Philip Rieff, *My Life among Deathworks: Illustrations of the Aesthetics of Authority* (2006); John Gray, *Straw Dogs* (2003); Hans-Georg Gadamer, *Wahrheit und Methode* (1960); und ein Interview mit Paul Thek von Harald Szeemann aus dem Jahr 1973.

## Chrissie Iles

*Anne und Joel Ehrenkranz-Kuratorin für zeitgenössische Kunst, Whitney Museum of American Art, New York.*

>>Vier Texte haben meinen Werdegang früh beeinflusst. Der erste war ein Filmtext. Nach meinem ersten Berlinaufenthalt 1984, der am Beginn meiner anhaltenden Faszination und Liebe für Deutschland und deutsche Kunst steht, war es Peter Handkes Gedicht „Lied vom Kindsein" in Wim Wenders' Film *Der Himmel über Berlin* (1987), das mich für immer prägte. Wenn auch Wenders' Berlin, das ich damals kennen gelernt hatte, nun der Vergangenheit angehört, höre ich immer noch den Nachhall von Handkes Gedicht, wenn ich durch die Straßen (oder vor kurzem durch die Berlin Biennale) gehe; es bewirkt noch immer die gleiche existentielle Nachdenklichkeit über seine – und unsere – Vergangenheit und Zukunft.
Ein paar Jahre später kam ich zum ersten Mal nach New York, um an einer Retrospektive von Sol LeWitts Strukturen zu arbeiten, und war in dessen Wohnung auf der Lower East Side untergebracht. Auf seinem Bücherregal entdeckte ich seine *Sentences on Conceptual Art* und Robert Smithsons Texte, die beide damals vergriffen waren, sowie Lucy Lippards Buch über Eva Hesse. Heute weit verbreitet, waren diese Texte damals außerhalb der eingeweihten Kreise der Kunstwelt kaum bekannt, und in England nicht erhältlich. Zudem warf die Stimmung der 1980er Jahre, der auch ich mich nicht entziehen konnte, ihren Schatten auf sie. Die Ambition, Radikalität und das hohe Niveau der Texte waren eine Offenbarung und veränderten mein Denken vollständig.

## Ronald Jones

*Künstler und Kritiker; Vertreten von Metro Pictures, New York; Professor für Interdisziplinäre Studien an der Konstfack in Stockholm.*

>>Völlig ungeordnet: Jones Very, *Essays and Poems* (1886), Oscar Wilde, *The Artist as Critic* (1890), Novalis, Friedrich von Hardenburg, *Aphorisms* (1802), Francis Bacon, *Essays* (1601), James Agee, *Let Us Now Praise Famous Men* (1941), Tobias Wolff, *Bullet in the Brain* (1997), Robert Lowell, *Collected Poems* (2003), Niccolò Machiavelli, *The Prince* (1513), Robert Pincus-Witten, *Complete Works* (1984), John Milton, *Paradise Lost* (1667), Molière, *Tartuffe* (1664), Harold Bloom, *The Anxiety of Influence* (1973), Sun Tzu, *On the Art of War* (1910 erstmals erschienen), Vladimir Nabokov, *Lolita* (1955), Jane Austen, *Persuasion* (1817), Eugène Ionesco, *Rhinoceros* (1958), Claude Lévi-Strauss, *Le Cru et le cuit* (1964), James Baldwin, *The Price of a Ticket* (1985), Jean-François Lyotard, *Complete Works* (1998), Friedrich Nietzsche, *Beyond Good and Evil* (1886), Aristophanes, *The Birds* (414 v. Chr.), Emily Dickinson, *Complete Poems* (1924), August Strindberg, *The Dance of Death* (1901), Dante, *The Divine Comedy* (1321), Tony Kushner, *Angels in America* (1992), Sir Thomas More, *Utopia* (1516), Virginia Woolf, *Orlando: A Biography* (1928), Petrarca, *Lyric Poems* (übersetzt von Robert M. Durling, 1976) Samuel Beckett, *Company* (1979), August Wilson, *Joe Turner's Come and Gone* (1988), Elizabeth Bishop, *Complete Poems* (1969), Bertolt Brecht, *Mother Courage and Her Children* (1939), Don DeLillo, *White Noise* (1986), Thomas Pynchon, *V.* (1963), George Orwell, *Collected Essays* (2000), T. S. Eliot, *Complete Poems and Plays* (1952), Voltaire, *The Lisbon Earthquake* (1755), Simone de Beauvoir, *The Second Sex* (1949), Erasmus, *In Praise of Folly* (1509), Lewis Carroll, *Complete Works* (1999), Gertrude Stein, *The Making of Americans* (1925), Walter Benjamin, *Illuminations* (1968), Eudora Welty, *Collected Stories* (1960), Augustinus, *City of God* (426), Sophokles, *Oedipus at Colonus* (401 v. Chr.), Longinus, *On the Sublime* (Erstes Jahrhundert), Ezra Pound, *The Cantos* (1925-1968), Dylan Thomas, *The Poems* (2003), Stanley Kubrick, *Complete Screenplays* (1951-1999).

## Kasper König

*Direktor des Museum Ludwig* Köln.

>>Kasper König hat als seine Antwort einen Comic ausgewählt: E.O. Plauens beliebte „Vater und Sohn"-Serie, die von 1934 bis 1937 in der *Berliner Illustrierten* erschien. Plauen war das Pseudonym von Erich Ohser, dessen Arbeiten 1934 von den Nazis verboten wurden und der, nachdem

die Gestapo ihn 1944 verhaftet hatte, in Gefangenschaft Selbstmord beging. Hier veröffentlichen wir eine Episode aus der Serie „Warnendes Beispiel" (1934–1937).

E. O. Plauen, *Warnendes Beispiel* (Warning Example, 1934–7)

## Christy Lange

*Redaktionsassistentin bei* frieze

>>Ohne meine erste Kunstgeschichtslehrerin, Rosalind Krauss, und ihr absolut einschüchterndes und inspirierendes Buch *The Originality of the Avant-Garde and Other Modernist Myths* (1985) würde ich heute nicht über Kunst schreiben. Danach folgte eher eine Serie von Offenbarungen darüber, was Schreiben alles sein kann: Roland Barthes' *Camera Lucida* (1982), Dave

Hickeys *Air Guitar* (1997), Lorrie Moores *Birds of America* (1999), die „Fashion Dos and Dont's" in der Zeitschrift *Vice*, Thierry de Duves Aufsatz im Katalog zu seiner Ausstellung „Voici" (2001), Emails meines Freundes Billy Silverman, David Batchelors *Chromophobia* (2000), Artikel über Reality TV und Reality TV Stars, besonders die Webseite Television Without Pity und alle Bücher von Dennis Cooper, besonders *Guide* (1998).

## Tom Morton

*schreibt für* frieze *und ist Kurator von Cubitt, London.*

>>Platons *Der Staat* (ca. 370-5 v. Chr.), weil der Athener Philosoph in seinem utopischen Stadtstaat keinen Platz für Kunst finden konnte. Mit 16 fühlte ich mich beim Lesen des Buchs betrogen – wenn ich nicht schreiben oder malen oder tanzen durfte, wollte ich bei Platons Revolution nicht mitmachen. Später las ich *Der Staat* als einen metaphernreichen Roman. Ich zerbreche mir immer noch den Kopf darüber, was es bedeutet, wozu Kunst führt, und wo eine perfekte Welt gedeihen und wachsen könnte.
Joshua Reynolds' *Discourses on Art* (1769-90), weil das Buch (absolut gegen Reynolds' Absicht) die Unmöglichkeit betont, Politik oder Ethik von etwas so undefiniertem wie Kunst abzuleiten. Es zu lesen ist wie einem Boxchampion dabei zuzusehen, wie er sich gekonnt selbst in eine Ecke treibt.
Susan Sontags Aufsatz „Against Interpretation" (1966), weil der Schlusssatz – „Statt einer Hermeneutik brauchen wir eine Erotik der Kunst" – Kritik zu einem lohnenswerten Unterfangen macht.
Die Worte, die der Mystiker Hassan I Sabbah im 6. Jahrhundert auf dem Totenbett gesprochen hat, „Nichts ist wahr, alles ist erlaubt", zitiert von William S. Burroughs in seinem Roman *Cities of the Red Night* (1981). Nicht weil sie (kreative) Freiheit und Verantwortung einander gegenüberstellen, sonder vielmehr, weil sie diese beiden Dinge als ein und das selbe fassen.

## Sally O'Reilly

*Kunstkritikerin und Mitherausgeberin von* Implicasphere.

>>Es sind weniger einzelne Texte, die mein Denken beeinflussen, als vielmehr die Absurdität des Unterfangens. Die British Library weist lebhaft darauf hin, obwohl die komplexe Zirkulation menschlichen Denkens, die dort gedeiht und hochgehalten wird, manchmal eine fürchterliche Überforderung ist. Aber Ähnlichkeiten und Unterschiede zwischen Texten und Disziplinen spornen mich an, und ich würde Lehrbücher zu künstlicher Intelligenz oder politische Pamphlete aus dem 17. Jahrhundert für ebenso

nützlich halten wie kritische theoretische Schriften. Die hermetische Geschlossenheit von Kunstgeschichte und -theorie wurde längst durchbrochen und, obwohl die Aufmerksamkeit für einzelne Kunstwerke fundamental ist, ersetzt nun ein breiterer Diskurs das Expertentum von damals mit einer zugleich politisierteren und weniger dogmatischen Haltung.
*On Being the Right Size* (1928), einer meiner Lieblingsaufsätze, verfasst vom sozialistischen Evolutionsbiologen J. B. S. Haldane reflektiert diese Zweiteilung zwischen Spezialisierung und literarischem Denken. Haldane erklärt vergleichend die Größe und das Kreislaufsystem von Tieren, von Nashörnern zu Wimperntierchen. Dann verwandelt er Biologie in einer dandyhaften Geste in ein Vehikel für Institutionskritik und in eine Analogie für Fordismus. Ich bin für rigorose Strenge, aber auch für Neugier, Erfindungsreichtum und Risikobereitschaft.

## George Pendle

*Autor und Journalist, lebt in New York.*

>>Nach der Lektüre von E.H. Gombrichs *Kunst und Illusion* (1960) schien die Kunstgeschichte plötzlich zum ersten Mal von Biografie und Zeit befreit, und das zeitlose Verhältnis von Sehen und Denken lag offen. Manchen mag Gombrich elitär und altmodisch vorkommen, mit seinen Lesarten und Vorlieben, die fest im Wien der 1920er Jahre verankert sind. Ob er nun recht hat oder nicht, seine Studien visueller Wahrnehmung und die Verbindung von Natur- und Geisteswissenschaft behandeln die grundlegende Frage nach der Bedeutung von Kunst, und noch wichtiger, nach der Bedeutung von Kunstbetrachtung.
Während Gombrich den Kopf beherrscht, könnten Jenna Jamesons Memoiren *Pornostar. Die Autobiographie* (2004) als die Königin von allem bezeichnet werden, was darunter liegt. Die Mischung aus Societyklatsch, sexuellem Mißbrauch, Neonazis, Familienwerten und Hardcore-Pornografie wird nach dem ersten Lesen unweigerlich verändern, wie man, tja, alles sieht. Manchen mag Jameson unreif und ordinär vorkommen. Ob sie nun recht hat oder nicht, sie hat mir den grundlegenden Unterschied zwischen sehen und betrachten beigebracht. Und mehr noch, soweit ich mich erinnere, hatte schon lange nichts mehr die eigenartige Kraft dieser Zeile: „Nach drei Stunden schwitzigem, psychotischem Sex drückte sie mir einen riesigen schwarzen Strap-on Dildo in die Hand".

## Kathrin Rhomberg

*Direktorin des Kölnischen Kunstvereins; lebt in Köln und Wien.*

>>Samuel Becketts Texte haben mein Denken über Kunst und Realität stark beeinflusst. Mich interessiert, wie er Bedingungen schafft, unter denen das Ungewöhnliche in dem sichtbar wird, was wir als gewöhnlich betrachten, und umgekehrt. Die in seiner Literatur erzeugten Verhältnisse beruhen auf einer Welt, in der Kommunikation sich in einer sehr eigenen Art entzieht und außer Kraft gesetzt ist, und verweisen auf eine Realität, die entzaubert scheint. Das finde ich sehr zeitgenössisch und außerdem bedeutend für das Verständnis einer Richtung zeitgenössischer Kunst.

## Jerry Saltz

*Kunstkritiker für die* Village Voice *und Autor von* Seeing Out Loud: Village Voice Art Columns 1998–2003, *unterrichtet derzeit an der Columbia University, der School of Visual Arts und der School of the Art Institute of Chicago.*

>>Wie Melville über Kunst bemerkt hat, sollten Kunstkritiker „Bescheidenheit – und dennoch Stolz und Verachtung / Instinkt und Gelehrsamkeit; Liebe und Hass / Verwegenheit und Verehrung“ haben.

Alles was ich über Kritik weiß, hat mir Roberta Smith, meine Frau, beigebracht. Bevor ich sie kannte, neigte ich dazu, ausschließlich den enthusiastischen Teil meiner Reaktionen auf sentimentale Art mitzuteilen. Sie war der Wendepunkt. Eines Sommers las ich zwei Bände von Sanford Schwartz' Kritik. Nach jedem Satz hielt ich inne und schrieb eine Frage an mich selbst auf. Am Ende des Sommers hatte ich einen Weg zu meiner eigenen Stimme gefunden. Pauline Kael öffnete den Weg für tausend andere AutorInnen (inklusive Schwartz). Auf sehr indirekte Art war auch ich einer dieser Autoren. Joan Acocellas Tempo ist beeindruckend und allein ihre ersten Sätze sind wahre Unwetter. Es klingt prätenziös, aber bei Dante habe ich entdeckt, dass man versuchen kann, eine vernichtende Aussage aus kleinen Dingen zu formulieren. Man kann etwas sehr Persönliches sagen, aber es in einen weitaus größeren Rahmen stellen. Das hier klingt noch prätenziöser, aber in der Art wie Beethovens Symphonien beginnen, sich entwickeln und enden, habe ich eine Struktur gefunden, an der ich interessiert war. Und das klingt nun schließlich wie sentimentales Pathos, aber die frühen Led Zeppelin haben eine handgemachte, experimentelle, vielschichtige, aber zugängliche Qualität. Die Struktur und das Handwerk liegen offen; nichts wird mit zu viel Politur oder Technik verwässert. Es ist roh, direkt und oft ‚trippig'. Stanley Kubrick und Francis Ford Coppola verfügen beide über einen Reichtum visueller Ausdrucksmittel und die offensichtliche Bereitschaft, grandios zu scheitern. Roger Angels Texte sind wie ein perfekter Sommertag im späten Juni. Alles ist erleuchtet; alles ist in Schwebe; alles ist süß, sichtbar und zutiefst mysteriös. Als ich jung war, schien Arnold Hausers Vision umwerfend, und ich ließ mich umwerfen (seither habe ich ihn nicht wieder gelesen). Das gleiche gilt für Robert Smithson und T. J. Clark und Dave Marsh (ein Rock-n-Roll-Kritiker). Es gibt nur wenige Kritiken von D. H. Lawrence, aber was er schrieb ist feurig. Matthew Collings' leichter Tagebuchstil hat viel für sich. Ich mag, wie Ken Johnston in seinen Besprechungen einen Satz nach dem anderen baut. Sein Schreiben hat moralisches Gewicht, es zeigt sein Bemühen, sich einem Objekt auf mehr als nur visuelle Art zu nähern.

## Tino Sehgal

*Künstler*

>>*Watteau's Painted Conversations: Art, Literature, and Talk in Seventeenth- and Eighteenth-Century France (1992)* von Mary Vidal, vor allem das zweite und das dritte Kapitel.

## Polly Staple

*Chefredakteurin von* frieze *und Direktorin von Frieze Projects.*

>>Heute: S. 148, „Romancing the Looky-Loos", Dave Hickey, *Air Guitar* (1997).

## Steven Stern

*Schriftsteller, lebt in New York.*

>>Mir ist keine bestimmte Art und Weise bewusst, in der ich über Kunst nachdenke. Im Grunde genommen betrachte ich einfach Dinge und weiß nur selten, was ich denke, bevor ich mich zum Schreiben niedersetze. In Bezug auf Proust verwendete die Literaturkritikerin Eve Kosofsky Sedgwick einmal den Ausdruck ‚vorläufige Taxonomien' (nonce taxonomies). Sie bezog sich auf seine präzisen Kategorien sozialer Rituale – Wertsysteme, die mit der gleichen Leichtigkeit angenommen, erweitert und abgelegt werden. Dieser Ausdruck beschreibt alles, was ich an kritischem Schreiben bewundere: Theorie, die im Vorübergehen entwickelt und mit Leichtigkeit gehandhabt wird. Ich habe das an vielen Stellen gefunden, vielleicht am Häufigsten in der Filmkritik: Manny Farber, natürlich, mit seiner verschrobenen, diskordanten Syntax und Erkenntnissen wie Randbemerkungen –

und Otis Ferguson, Farbers weniger berühmter Vorgänger bei der New Republic, mit seinem nuancenreichen Pragmatismus und einer Verdichtung, die Notwendigkeit zur Tugend macht. Aus ähnlichen Gründen finde ich Leo Steinbergs berühmten Aufsatz über Jasper Johns immer noch aufregend; Ich lese ihn alle paar Monate und fühle jedes Mal die Kraft seiner labilen Bereitschaft, sich von der besprochenen Arbeit führen zu lassen. Am Häufigsten ist mein Schreiben jedoch von dem beeinflusst, was ich ich zur Zeit gerade lese: Romane, Gedichte, Kochbücher – sie alle schleichen sich irgendwie ein, ob mir das nun bewusst ist oder nicht.

## Robert Storr

*Kunstkritiker, Kurator und Dekan der Yale School of Art und Direktor der Biennale Venedig 2007.*

>>Vor einigen Jahren forderte mich ein Student ziemlich genervt dazu auf, ihm doch zu sagen, welchem Diskurs ich mich verpflichtet fühle, um sich (so nehme ich an) umso besser in ein ödipales Verhältnis dazu setzen zu können. Zur Auswahl standen, so gab er mir zu verstehen, Jacques Derrida, Michel Foucault, Jacques Lacan und die üblichen Verdächtigen. Nachdem ich erklärt hatte, dass ich all das zwar in verschiedenem Ausmaß gelesen habe, jedoch kein Söldner für die Anliegen eines einzelnen davon bin, erklärte ich mich bereit, eine kurze Liste von Texten zusammenzustellen, die für mich bedeutend gewesen waren. Jetzt erkenne ich, dass es eher die Liste eines Kritikers war, denn jene von ‚critiquer', und das, obwohl ich mich weigere, die intellektuelle Überlegenheit des Zweitgenannten über das Erstere anzuerkennen, nur Unterschiede in LeserInnenschaft, Bandbreite – da sie weniger an einen Diskurs angebunden sind, haben KritikerInnen mehr davon, sowohl in Bezug auf literarische Form und auf Inhalte – und wenn es um bestimmte professionelle Belohnungen und Versuchungen geht. Die Liste umfasste Charles Baudelaires *The Painter of Modern Life* (1863) – aber ich ermutigte zum Lesen und Wieder-Lesen all seiner Aufsätze über Kunst – die ersten vier Kapitel von Ezra Pounds *ABC of Reading* (1934), Gertrude Steins Pictures aus den *Lectures in America* (1935) und Walter Benjamins *Unpacking my Lybrary* (1931), obwohl ich auch hier das Lesen und Wieder-Lesen von Benjamin ganz allgemein empfahl, unter anderem um *The Work of Art in the Age of Mechanical Reproduction* (1936) zu kontextualisieren und es von den engen, und größtenteils ahistorischen Missinterpretationen zu befreien, die in den 1980ern weit verbreitet waren. Es gibt noch viel mehr, was ich empfehlen würde – unter anderem James Baldwin, Jorge Luis Borges und Walt Whitman, dessen Fotos gemeinsam mit denen von Stein

und Baudelaire auf meinen Schreibtisch blicken – und jüngere Aufsätze von Roland Barthes und Leo Steinberg. Aber das hier sind meine Klassiker.

## James Trainor

*US Redakteur von* frieze.

>>Die Texte, die mein Denken über Kunst am meisten beeinflusst haben, sind jene Texte, die auch mein Denken im Allgemeinen am meisten beeinflusst haben; Texte, die bestätigen, dass Kunst nichts von der Welt Isoliertes, sondern Teil der Welt ist, und von den gleichen chaotischen physischen und physikalischen Gesetzen bestimmt wird. Weit oben auf meiner Liste würde ich von mir persönlich verehrte Figuren wie Joseph Mitchell ansiedeln, der von den 1930ern bis in die 1950er den New Yorker Stil narrativer Nonfiction so bescheiden perfektioniert und geformt hat, dass er oft als dessen Erfinder bezeichnet wird. Er schrieb über Dinge, an die sonst keiner einen Gedanken verschwendet hätte: das Leben eines Ticketabreissers einer Kabarettshow auf der Bowery, die Reise der Leiche einer ertrunkenen Selbstmörderin im Wasser des New Yorker Hafens. Mitchells elegische Klarheit ist die eines Mannes, der aufzeichnet, was bereits an seinem geistigen Auge vorüber gezogen ist, seine Geschichten verabschieden sich von der Welt während er sie niederschreibt.

John McPhee, ein Autor der Schule des so genannten "New Journalism", die dort begann, wo Mitchell aufgehört hatte, macht es auf atemberaubende Weise klar, dass es keine langweiligen Themen gibt, nur langweiliges Schreiben. Egal wie obskur, technisch, oder auf den ersten Blick trocken – die praktischen Herausforderungen des Sattelschleppertransports gefährlicher Chemikalien auf Interstate Highways quer durch die USA, das Warum und Weshalb der gewöhnlichen Orange – er schafft es immer, dass man sich erstaunt an den Kopf fasst und sich fragt, warum bisher keiner die jeweilige Nuss geknackt hat, sich niemand zuvor eine Sache, einen Prozess, ein System lange und gut genug angesehen hat, um das versteckte Muster seiner alltäglichen Schönheit schätzen zu lernen. Mit unschlagbarer Koordination von schriftstellerischem Handwerk und Beobachtung zeigt er, wie Leute sich in ihrer Arbeit und durch von ihnen erzeugte Dinge selbst erfinden, wie Leute zu Mitgliedern ihres Berufsstandes werden und ihr Handeln verkörpern; und warum all das bedeutend ist.

## Jan Verwoert

*schreibt für frieze. Sein Buch* Bas Jan Ader: In Search of the Miraculous *ist vor kurzem bei Afterall Books / MIT Press erschienen.*

>>Das Problem mit den Büchern, die mich zum Schreiben anregen ist, dass ich es nie schaffe, sie fertigzulesen. Ich werde dann häufig so geladen, dass ich nicht weiterlesen kann und stattdessen rastlos werde beim Versuch, die Implikationen des gerade Gelesenen zu verstehen. Unter meinen liebsten halb gelesenen Büchern befinden sich Friedrich Nietzsches *Unzeitgemäße Betrachtungen* (1873-1875) und Sören Kierkegaards *he Sickness Unto Death* (1941). Derzeit habe ich Schwierigkeiten Jacques Derridas *Politik der Freundschaft* (1994) fertigzulesen. Vor kurzem hat mir ein Freund seine Ausgabe von Aleister Crowleys *Book of the Law* (1904) geliehen, in der die beiden letzten Seiten herausgerissen sind, weil, wie er behauptet, der Fluch, der auf dem Buch liegt, nur dann Macht über einen hat, wenn man das ganze Buch liest. Aus eigener Erfahrung kann ich nur sagen, dass es eher umgekehrt funktioniert.

## Benjamin Weissman

*Autor von zwei Bänden mit Kurzgeschichten, der jüngste erschien unter dem Titel* Headless *(Akashic Books 2004). Er unterrichtet am Art Center College of Design in Pasadena, Kalifornien.*

>>Die Prosa von Donald Barthelme war mein erster großer Anstoß. Seine Geschichten sind experimentelle Essays, in denen Sprache eine zentrale Rolle spielt. Die Texte verschiedener Freunde waren auch ausschlaggebend, Dennis Cooper (der mich in den späten 1980ern dazu überredete, über Kunst zu schreiben) und Lane Relyea. Beide denken eigenständig und inspiriert und schreiben wunderschöne Prosa. Kein um den heißen Brei schleichen: Ihre Texte sind aggressiv und unterhaltsam (Humor ist ach so selten im Schreiben über Kunst... die bleiern schwere Ernsthaftigkeit weckt in mir das Verlangen, nach dem Säbel zu greifen). Den Theorieköpfen in der Schule zuzuhören, wie sie sich an fünfminutenlangen Fragen abarbeiten, die keinerlei Sinn machen, ist echt Hölle. Ich misstraue der Kunsttheorie. Sie hat mir bekannte gute SchriftstellerInnen in ihren Arsch ins Trockene bringende, unterwürfige Schlampen verwandelt, die ihre Fußnoten mit Namen spicken. Ich liebe Französische Literatur (aber hasse die meiste viel gerühmte Französische Theorie, ausgenommen Helene Cixous und J. L. Nancy und Roland Barthes' persönlichere Texte) und Slavoj Zizek, Walter Benjamin und Edward W. Said, und ich hasse es, dass überall die gleichen

Leichenfledderer und Texte zitiert werden. Wie ein fanatischer christlich-wiedergeborener Sportfan, der bei einem American Football-Match hinter den Torpfosten steht und ein Schild mit Johannes 3:10 hochhält. Können die denn keine anderen Abschnitte empfehlen? Auch einflussreich sind Lester Bangs und seine Nachfolger; das Spielerische an der Musikschreiberei. Dann die, die ans Eingemachte gingen. Anthony Lane. John Ashbery's Nonfiction, direkte Artikulation, keine Vernebelungstaktiken. Virginia Woolfs Essays, David Foster Wallace (dessen göttliche Fußnoten die literarische Form vorantreiben), Harold Rosenberg, Wayne Koestenbaum, Charles Baxter und Rachel Kushner.

## Tirdad Zolghadr

*freischaffender Kritiker und Kurator, lebt in Zürich.*

>>Ich habe mich bemüht, das Buch zu finden, das mein Denken über Kunst – und über Kultur ganz allgemein – am stärksten beeinflusst hat, und ich kann nur ehrlich zugeben, dass, wenn ich ein einzelnes aussuche, die Wahl nur auf Jacques Derridas *De la Grammatologie* (1967) fallen kann. Ich habe es als Student der vergleichenden Literaturwissenschaft gelesen und es hat mich total beeindruckt. Es ist nicht sehr gut geschrieben, prätenziös und unerträglich französisch, aber es vermag in die empfindsamsten Nischen im Kopf eines politisch agitierten 22-Jährigen zu gelangen. Logozentrismus, Dekonstruktion, différance, all das heiße Zeug: Ich begann fieberhaft, grammatologische Wendungen in allem und jedem zu sehen, angefangen von meinen Seminaren und meiner Plattensammlung bis hin zu meiner Freundin. Das alles war ziemlich peinlich und zeitintensiv und ich kann den ideologischen Nachhall heute noch spüren. Seit damals habe ich mich nie mehr wirklich von einem Buch verführen lassen, zumindest nicht in diesem Ausmaß. Heutzutage lese ich üblicherweise Einleitungen und Auszüge oder bestenfalls einzelne Kapitel, und obwohl ich mich von kritischer Prosa leicht bewegen und beeinflussen lasse, hinterlässt sie selten einen bleibenden Eindruck.

# Binary Fluffing

# Aufbauschen durch Widersprüche

*Nach welchen Kriterien beurteilen wir Kunst? Während der Eröffnung der 4. Berlin Biennale im März 2006 trafen sich*

**Thomas Demand, Mark Godfrey, Jörg Heiser, Jennifer Higgie, Adrian Searle, Polly Staple, Tirdad Zolghadr**

*an einem Samstag Nachmittag im Berliner Büro von frieze, um diese Frage bei Käse und Erdbeeren zu diskutieren.*

TD Thomas Demand, Künstler
MG Mark Godfrey, Kritiker und Kunsthistoriker
JöH Jörg Heiser, Mitherausgeber von frieze
JH Jennifer Higgie, Mitherausgeberin von frieze
AS Adrian Searle, Kunstkritiker für The Guardian
PS Polly Staple, Chefredakteurin von frieze und Direktorin von Frieze Projects
TZ Tirdad Zolghadr, Kritiker und Kurator

JöH Unsere heutige Diskussion fragt nach den Kriterien, die wir zur Beurteilung von Kunst verwenden. Das ist eine trügerisch einfache Frage. Ist es ein spezifisches Kennzeichen von heutiger Kritik, dass es keine klaren Beurteilungsungskriterien gibt?

PS Ein Regelwerk?

JöH Ja ...

AS Ich wäre nicht Kritiker, wenn es ein Regelwerk gäbe.

JH Wenn man nicht vom Standpunkt eines Kanons aus arbeitet, wenn man, sagen wir mal, nicht Clement Greenberg ist, dann möchte ich hoffen, dass der Kritiker auf die individuellen Bedingungen des Kunstwerks reagiert und es zugleich in einem größeren sozialen Kontext verortet. Man muss also für jedes Kunstwerk andere Kriterien verwenden, wenn man nicht möchte, dass alles auf die gleiche Weise funktioniert.

TZ Wir haben klarerweise intellektuelle Identitäten und Eitelkeiten, aber es ist ziemlich erstaunlich, wie Kritikern von Kuratoren Kriterien aufgedrängt werden. Ich habe vor kurzem die Besprechungen im letzten frieze noch mal gelesen, und bei einigen hat der Kritiker eindeutig versucht, sich mit den ausstellungsimmanenten Vorgaben zu identifizieren.

JöH Aber ist das denn nicht auch schon ein Kriterium, so etwas wie Einfühlung für die Intention eines Kunstwerks oder eine Ausstellung zu fordern?

AS Ich würde es weniger als Einfühlung denn als Reportage bezeichnen. Manchmal setzt man sich mit dem Konzept einer Ausstellung auseinander, ein anderes Mal ignoriert man es, weil einem die Arbeiten zwar gefallen, nicht aber die Installation, oder aus irgendeinem anderen Grund.

JöH Wenn es also kein Regelwerk gibt, gibt es dann vielleicht so etwas wie einen Werkzeugkasten?

AS Absolut. Häufig wird eine Ausstellung nach politischen Kriterien beurteilt, über die man sich mehr oder weniger einig ist. Man sieht äußerst selten eine politische Ausstellung, die z.B. aus einer rechten Position kommt, oder die es versäumt, kulturelle Differenz anzusprechen.

JöH Es ist gewissermaßen die Aufgabe des Kritikers, die Differenz zwischen werkimmanenten Behauptungen oder entsprechenden Kommentaren von Künstlern und der tatsächlichen Wirkung zu untersuchen. Ein typisches, umstrittenes Beispiel ist das Werk von Santiago Sierra. Manche Reaktionen darauf sind rein moralisch angelegt, aber ich sehe da konzeptuelle Widersprüche. Zum Beispiel bei der Schließung des Spanischen Pavillions auf der Biennale Venedig, zu dem nur Leute mit spanischem Pass Zutritt hatten, während die Realität so aussieht, dass man zwar aus Deutschland oder Frankreich einfach nach Spanien reisen kann, nicht aber aus Afrika.

AS Das war aber Teil einer Auseinandersetzung zwischen ihm und dem spanischen Kultusministerium, das zu diesem Zeitpunkt der Volkspartei unterstand, der regierenden Rechtspartei in Spanien. Sierra spielt mit dieser Art von Themen. Gut, das kann als Institutionskritik bezeichnet werden, aber nicht unbedingt in Bezug auf die Institution Museum, sondern auf die Machtstruktur, die ihn zu einem bestimmten Zeitpunkt zum auserwählten Künstler erklärt.

MG Ich habe Sierras letzte Arbeit nicht gesehen, die ja jetzt geschlossen wurde. Er hat die Synagoge in Stommeln in der Nähe von Köln mit

Rohren, die mit den Auspuffen von draussen laufenden Autos verbunden waren, in eine Gaskammer verwandelt. Was Jörg gesagt hat, beschreibt diese Arbeit auffallend gut, da die von Sierra genannten Absichten nicht mit den möglichen Effekten der Arbeit übereinstimmen. Ihm zufolge geht es um eine Kritik an der Banalität der Repräsentation des Holocaust in der Populärkultur. Mir fallen aber viele Künstler ein, die das gleiche erklärte Ziel haben und Arbeiten machen, die auf interessante Art wirklich Verzweiflung darüber ausdrücken, wie der Holocaust in der Kulturindustrie behandelt wurde, statt bloss reißerische Medienberichterstattung zu provozieren. Das bringt eine interessante Frage auf: muss man etwas gesehen haben, um es zu beurteilen? Sierras Arbeit in der Synagoge existiert jetzt nur noch in den Medien.

TD Vielleicht hätte jemand Sierra sagen sollen, „Wie wäre es, wenn du zuerst mit der jüdischen Gemeinde sprichst?" – was er nicht getan hat. Das führt mich zu der Frage nach der Rolle des Kritikers. Zum einen ist er oder sie natürlich ein exemplarischer Betrachter und berichtet über das Gesehene, aber zudem agiert der Kritiker als Interpret.

TZ Interpretiert er oder sie aber die künstlerische Intention der Arbeit oder die Arbeit an sich? In der komparatistischen Literaturtheorie gibt es das Dogma vom Tod des Autors, die Vorstellung, dass der Text Bedeutungen annimmt, die nicht unbedingt mit den Intentionen des Autors zu tun haben. Im Kunstbereich spielen der Künstler und die künstlerischen Absichten bei der Rezeption des Werks noch immer eine sehr dominante Rolle.

MG Robert Morris hat einen Artikel in Artforum veröffentlicht, ich glaube das war 1969, in dem er eine imaginäre Reise an die Westküste der USA beschreibt, wo er einen Künstler trifft, der Gaskammern baut. Als der Artikel erschien wusste niemand, ob es sich um einen fiktionalen oder einen realen Künstler handelt. Als ich von der Sierra-Arbeit hörte, erinnerte ich mich sofort an die Kontroverse um Morris' Text. Und ich fragte mich, ob man Sierras Arbeit im Hinblick auf einen kunsthistorischen Vorläufer beurteilen sollte? Am Anfang dieser Konversation haben wir festgehalten, dass wir kein Regelwerk haben, aber wir haben das Wissen darüber, was in der Vergangenheit produziert wurde und was wir bedeutsam finden.

AS Das ist aber die Frage, die Leute, die an Kunstakademien unterrichten, zum Wahnsinn treibt, oder? Ich habe früher unterrichtet und kenne das Feld daher gut: es gibt Studenten und Künstler die meinen, dass alles, was vor 1945 passiert ist, nichts mit ihnen zu tun hat. In den 1970ern schauten viele britische Kunststudenten nur über den Atlantik und waren europäischer Kunst gegenüber vollkommen ignorant. Das ist keine Amnesie, das ist Ignoranz.

JöH Was tut man, wenn man eine Arbeit zunächst mag, sie einem aber beim Lesen des Künstlerkommentars verleidet wird?

JH Als ich in einem MA Seminar unterrichtete, hatte ich eine Auseinandersetzung mit einer Studentin, deren Arbeit zunächst interessant aussah. Sie verwendete suprematistische Symbole und Farben und Formen, die auf Malewitsch-Bilder verwiesen. Als ich sie aber nach ihren Referenzen auf Malewitsch fragte, und danach, wie ihre Lesart dieses sozialen Moments ihr Denken beeinflusse, sagte sie: „Ach, das alles interessiert mich überhaupt nicht. Ich finde einfach, dass es wirklich cool aussieht." Ihre Antwort hat mich wütend gemacht und meine Wahrnehmung ihrer Arbeit vollkommen verändert – was zunächst interessant erschienen war, war nun ausdruckslos geworden.

MG Worin liegt der Unterschied zwischen deiner Position und dem Greenberg'schen Regelwerk, in dem alles was zählt, auf der Linie der Arbeiten liegen muss, die er wichtig findet?

JH Er hatte offensichtlich eine viel starrere Vorstellung davon, wie Kunst zu funktionieren hat. Mich interessieren Werke von Künstlern einfach nicht, denen Geschichte gleichgültig ist.

PS Dies ist eine sehr tolerante Diskussion. Im Stillen scheinen wir uns alle auf eine großzügige Haltung geeinigt zu haben und darauf, sowohl die Absichten des Autors oder Künstlers als auch den Kontext zu berücksichtigen. Claire Bishops neuester Artikel in Artforum ist in diesem Zusammenhang interessant. Ihr zufolge formiert sich eine Kritik, die statt Ästhetik Ethik und moralisches Urteil zum zentralen Modus für die Beurteilung der Qualität eines Kunstwerks macht. Sie beschreibt das im Zusammenhang mit der „social relational art"– Kunstpraxis, die sowohl inhaltlich als auch formal durch das Soziale bestimmt ist. Claire weist auf die Problematik hin, dass die Kunst oder die Ästhetik zugunsten der künstlerischen Arbeitsweise ignoriert wird – ob diese ethisch ist, ob die Künstler kollaborativ und im Konsens mit den Beteiligten arbeiteten, oder ob sie einfach, in Sierra-Manier, Menschen einsetzen. Anders gesagt, eine autokratische Position einzunehmen, um Arbeiten aus ethischer Sicht zu beurteilen, ist didaktisch.

JöH Dann gibt es natürlich noch den anderen Buhmann, den Ästheten, der das Werk nur in Bezug auf Schönheit betrachtet. Bei all dem geht es um Geltungsansprüche. Es gibt aber keine Ethik ohne Ästhethik und umgekehrt. Man muss fragen, was eine Arbeit hinsichtlich ihrer ethischen Vorraussetzungen vorgibt, was sie ästhetisch tatsächlich leistet, und was hinsichtlich der Ethik ins Auge geht.

PS Das ist vielleicht eher eine kuratorische Angelegenheit, aber es gibt so viele schlechte sogenannte „relational works", weil sie sich für diverse öffentliche Förderungsprogramme eignen. Es gibt auch viel schlechte Malerei, aber das kommt dem Markt gelegen, der natürlich das andere offensichtliche, aber ungern angesprochene Problem ist. Die beiden Extreme sind akademische Didaktik und Warenfetischismus.

JH Ich werde jetzt mal das Offensichtliche sagen: Geschmack ist meistens klassenspezifisch, und es geht darum, einen Status Quo zu erhalten.

TZ Die Vorstellung, dass Kunstkritiker entweder marktbestimmt oder ethisch handeln, lässt die Künstler ausser acht, die zu Hause zeichnen oder andere Sachen tun, die diesen Kriterien nicht entsprechen. Sie haben ihr eigenes Ding laufen, und man muss sich das nur ansehen.

JöH Heißt das, dass wir es hier mit Relativismus zu tun haben? Das ließe dann den Dogmatismus und die Programmatiken der 1960er Jahre ziemlich gut aussehen – und ich halte das für eine ziemliche Täuschung.

AS Es war doch bestimmt immer eine Täuschung? Wir haben nur einen sehr eingeschränkten Blick auf die Welt; wir können nicht alles sehen.

JöH In den letzten beiden Jahrzehnten wurde versucht, genau darauf hinzuweisen: dass konzeptuelle Kunst nicht nur von fünf Typen in New York gemacht wurde, sondern auch in Australien und Argentinien usw. existierte.

TD Ja, aber die hielten sich für die einzig wahre Welt. Sie glaubten, dass die Erde flach ist und einzig aus Manhattan besteht.

JöH Manche Leute glauben das noch immer.

TZ Was ich an diesem Gespräch faszinierend finde, ist, dass wir, obwohl die Kriterien so unscharf sind, trotzdem wissen, wovon wir sprechen, wenn wir „Zeitgenössische Kunst" sagen.

MG Meine Kriterien sind nicht hilfreich, wenn ich mit einem Werk konfrontiert bin, das aus einer vollkommen anderen Kultur kommt und nicht von den mir verständlichen kritischen Traditionen geprägt ist.

JH Genau deshalb müssen Kritiker die Grenzen ihrer eigenen Bezugssysteme deutlich machen.

AS Die alte Gut-Schlecht Routine ist häufig das Unwichtigste an unserer Aufgabe. Interessanter ist die Erforschung des Werks beim Schreiben; es ist diese Erfahrung, auf die es ankommt. Man wird zum Zeugen dieses Werks, und irgendwie muss man damit umgehen.

JöH Der Kritiker vertritt also sowohl Anklage als auch Verteidigung. Man befindet sich plötzlich in der schizophrenen Situation zu versuchen, ...

AS Das ist überhaupt nicht schizophren. Du nimmst dich selbst heraus; jemand anderes könnte deine Aufgabe auch erfüllen. Aber aus irgendeinem Grund bist du es. Ich glaube, wenn Leute Kritiken lesen, halten sie sich nicht für weniger intelligent als der Rezensent; sie denken, dass dieser Artikel diese Kunst bespricht und dass der Kritiker etwas dazu zu sagen hat, und dem kann ich zustimmen oder auch nicht.

PS Diese Position bringt jedoch ein gewisses Mass an Verantwortung mit sich.

JöH Adrian, du hast zum Beispiel vor kurzem in deiner Besprechung der Tate Triennale geschrieben: „Ich mag die Arbeit von Mark Leckey überhaupt nicht." In diesem Fall hätte ich mir gewünscht, dass du argumentierst, warum dir die Arbeit nicht gefällt.

AS Ich hatte weder Platz noch Zeit.

TD Als Künstler – das klingt schrecklich sentimental, aber es ist wahr – erinnert man sich immer an eine negative Besprechung, an jedes schlechte Wort, das jemand irgendwann, vor zehn oder fünfzehn Jahren, gesagt oder geschrieben hat. Wenn es um diese Dinge geht, haben Künstler ein Elefantengedächtnis.

JH Wäre ich Mark Leckey, hätte ich gewollt, dass du sagst, warum du meine Arbeit nicht magst.

AS Ich werde das irgendwann auch tun. Meine Aussage hat offensichtlich mehr kritische Implikationen als ich beabsichtigt hatte. Ich wollte genauso direkt sein wie seine Arbeit.

JöH Es gibt einen Unterschied zwischen einem schnellen Urteil und einer langen Diskussion darüber, warum etwas kompletter Mist ist.

MG Meiner Ansicht nach hat Benjamin Buchloh das diesen Sommer meisterhaft mit Tino Sehgal gemacht. Er hat die Arbeit komplett zerlegt, was aber nichts daran geändert hat, dass Sehgal seither zahllose Ausstellungen hatte.

JöH Buchlohs Form der Kritik ist genau die, die ich verabscheue. Er hat fünf oder sechs Künstler in sein Pantheon der Grossen eingelassen, und Tino hat es gewagt, dem einen oder anderen davon zu nahe zu kommen.

MG Ich finde es beeindruckend, dass Buchloh in seinem Schreiben nicht nur äusserst überzeugende Gründe für dieses Pantheon vorbringt – ob es sich nun um Michael Asher oder Lawrence Weiner handelt – sondern auch immer noch Erstaunen über neue Dinge äussert. Die Bandbreite seines Interesses reicht viel weiter als dieses Pantheon.

JöH Ich stimme dem nicht zu. Ich denke er betrachtet das Pantheon und überlegt: „Wen kann ich für einige Wochen mit einschließen?" Ich finde auch, dass er ein sehr kluger Denker ist, zugleich kommt er aber aus einer Generation, in der es nur darum ging, sich selbst in der Kunstwelt zu positionieren und eine Bezugsgruppe zu kreieren, deren Teil man ist und von der aus man operiert.

MG In den 1980er Jahren war Kunstkritik mit einer Situation konfrontiert, in der Julian Schnabel und Francesco Clemente oft die einzigen Künstler waren, die ausgestellt wurden, während amerikanische Institutionen bedeutendere und interessantere Künstler ignorierten. Liest man Buchlohs Texte heute, mag es scheinen, als erschaffe er ein Pantheon aus bereits anerkannten Künstlern. Sie erhielten aber nur aufgrund solcher Texte Aufmerksamkeit, weil Kritiker sich für sie einsetzten.

JöH Zu diesem Zeitpunkt waren viele Künstler auch Autoren. Sie formten ihre Argumente aus der Position, aus der auch ihre Arbeiten entstanden. Sie brauchten keinen Kritiker als Verteidiger oder Anwalt; was sie brauchten, waren Gleichgesinnte innerhalb des Kunstmarkts, wie Seth Siegelaub oder Konrad Fischer, Personen die ihre Arbeiten öffentlich machten.

MG Ich habe nur einmal einen negativen Text über einen Künstler geschrieben: Eine Besprechung von Ron Muecks Arbeit. Aber ich hatte nicht das Gefühl, dass es für mich sehr produktiv wäre, zu erklären, was genau ich an seinem Werk uninteressant finde. Ich bewundere Kritiker, die sich auf ihnen problematisch erscheinende Praktiken und Positionen konzentrieren – Claire Bishops Arbeit fällt mir hier ein – aber bisher habe ich dazu geneigt, meine Zeit anders einzusetzen und zu argumentieren, warum ich die Künstler verehre, die ich verehre; ich habe nicht darüber geschrieben, warum ich 95 Prozent der Malerei, die ich sehe, so langweilig finde.

AS Zeitungsredakteure mögen negative Kritiken! Ich glaube, dass man Mittelmässigkeit meiden sollte, aber wenn die Tate eine Ausstellung mittelmässiger Kunst zeigt, dann muss man sich damit befassen. Es ist viel interessanter, sich mit richtig schlechter Kunst auseinanderzusetzen, die riesige Ansprüche hat, oder mit wirklich interessanter Kunst, als mit der mittelmässigen. Ich würde lieber über eine grosse Thomas Hirschhorn-Ausstellung schreiben als über Ron Mueck.

TD Darf ich das altmodische Wort „Medium" einbringen? Ich finde, dass ich durchaus Kriterien zur Beurteilung von Filminstallationen habe. Und es gibt viele unterschiedliche Sachen bei denen ich feststelle, dass ich sie entweder mag oder nicht mag. Ich messe die Arbeit vielleicht an meinem Sinn für Entwicklungen innerhalb eines Mediums, aber zeitgenössische Malerei betrachte ich derzeit eigentlich nur im Sinne von „das ist schön" oder „das ist nicht schön".

TZ Man kann also im Grunde genommen nur beurteilen, ob ein darunter liegendes Gelb zu dem Smaragdgrün darauf passt oder so was.

JöH Der Komponist Hanns Eisler hat einmal gesagt, dass man, wenn man nur über Musik Bescheid weiß, nicht über Musik Bescheid weiß. Und ich halte das für das große Problem zum Beispiel am Museum of Modern Art in New York, wo es all diese Abteilungen gibt, die versuchen, sich selbst gegenseitig zu rechtfertigen. Ein ähnliches Problem gibt es in der Kunstkritik. Um Videoinstallation verstehen zu können, muss man etwas von Raum verstehen, etwas von Architektur verstehen und etwas von Skulptur verstehen.

JH Ich frage mich, warum Leute Kunstkritiker werden, wenn das so unglaublich mühsam ist, unglaublich schlecht bezahlt wird und unglaublich wenig Sicherheit bietet. Wenn wir über die Intentionen des Künstlers sprechen, finde ich, dass wir auch über die Intentionen des Kritikers reden sollten. Wie wollen Kunstkritiker, dass ihre Texte funktionieren? Offensichtlich macht es einen Unterschied, ob man für den Guardian, für frieze, oder für eine akademische Zeitschrift schreibt.

JöH Ich bin über die Musikkritik zur Kunst gekommen. Ich hörte alle möglichen Arten von Musik und auf einmal verwendeten Musiker Kunst, oder verwiesen auf Kunst. Ich verspürte einen Mangel an Klarheit und Verständnis, und dachte auch, dass ich eine nützliche Rolle in einer Szene haben könnte, in der ich mich zufällig auch sozial bewegte.

JH Tirdad, du kommst von der Literatur. Was hat dich dazu veranlasst, zur Kunst zu wechseln?

TZ Ich mochte die Parties! Ich besaß das Handwerkszeug, um Kritiken zu schreiben, wurde Künstlern vorgestellt, und begann, Interesse an ihren Arbeiten zu entwickeln.

JöH Ich bin froh, kein Literaturkritiker zu sein. Literaturkritiker müssen immer eine Handlung zusammenfassen und dann beurteilen, so dass es immer diese Form von Vorgeschichte gibt.

JH In einer Besprechung musst du das auch tun, du musst eine Ausstellung beschreiben.

JöH Aber normalerweise gibt es keine Geschichte, die man berichten oder nacherzählen muss. Es ist interessanter als „Krieg und Frieden" zusammenzufassen.

JH Aber die meisten deiner Leser haben die Ausstellung oder das Kunstwerk nicht gesehen. Wie Mark über die Arbeit von Sierra gesagt hat, ist das Wissen darüber von Fernsehberichten oder Artikeln in der Zeitung abhängig.

JöH Wenn du die Pop-Kritik der letzten Jahrzehnte anschaust, gibt es sehr wenige interessante Kritiker, die wirklich darüber sprechen, wie die Musik klingt. Normalerweise wird über Texte oder Persönlichkeiten geschrieben. Erst vor relativ kurzer Zeit haben Autoren wie Kodwo Eshun eine Sprache zum Beschreiben von Klang gefunden.

AS Was würdest du mit einem Künstler tun, der seine Arbeit als „poetisch" beschreibt?

JH Ich wäre sehr misstrauisch.

PS Die Berlin Biennale ist sehr italienisch, gruftig, poetisch. Ich fürchte, dass in den Besprechungen „poetisch" überstrapaziert werden wird.

JH Letztendlich kann ein Kunstwerk nicht wörtlich übersetzt werden; es kann nur mit möglichst anschaulichen Begriffen diskutiert werden. Wir haben den Gebrauch bestimmter Redewendungen und Worte in frieze untersagt, zum Beispiel „poetisch" und „riffed".

AS „Poetisch" lässt das Kunstwerk schwach klingen. Und nicht alle Poesie ist schwach.

TZ Abgesehen von Ausdrücken wie „poetisch", sind Oxymorone ein echtes Merkmal von Kritik. Sachen wie „verblüffend funktional", „entschlossen vieldeutig", oder „klinisch skurril". Es scheint als versuchten Kritiker, eine undeutliche, nie vollständig fassbare Grauzone zu etablieren. Als ob man versuchte, sich rauszuhalten, indem man das Werk zwischen widersprüchlichen Begriffen einklammert. Ich bin Kritikern gegenüber sehr skeptisch, die starr behaupten, dass bei der Begegnung mit Kunstwerken eine Art von Magie im Spiel ist, weil ich immer denke, dass eine Reaktion aus dem Bauch heraus nicht genug ist – Ideologie spielt auch eine Rolle, und das muss berücksichtigt werden und nicht nur mit dieser Art von mutwilliger Uneindeutigkeit verschleiert. Doch am Ende ist die Undeutlichkeit dieser Oxymorone vielleicht unvermeidbar? Ich glaube nicht, dass es unbedingt schlecht sein muss, selbst wenn es chaotisch ist.

PS Ich nenne das das Verbinden von zwei Gegensätzen zu einem neuen Ausdruck „Aufbauschen durch Widersprüche" („binary fluffing"). Ich bin überzeugt, dass wir das alle beim Schreiben tun, wenn wir nicht die richtigen Worte finden, um etwas zu beschreiben.

MG Mich interessiert, welche Arbeit die Anwesenden in letzter Zeit überrascht hat: etwas, das einem wider Erwarten gefallen hat und die eigenen Überzeugungen in Frage stellte.

PS Ist es nicht genau das, wonach wir in gewisser Weise immer suchen?

JöH Es ist fast so etwas wie der Anstoß, den man braucht, oder?

MG Es gibt Künstler, die ich jahrelang ablehnte und nicht mochte, bevor ich dann meine Meinung änderte.

JH Weil sich die Arbeit änderte oder weil du dich geändert hast?

MG Ich habe mich sicherlich geändert, aber vielleicht hat sich die Arbeit auch geändert. Wer weiß?

JH Kannst du uns ein Beispiel geben?

MG Gestern habe ich ein silbernes Bild von Tomma Abts gesehen und erfahren, dass es der Abguss eines Gemäldes ist. Es warf Fragen auf, die ich bislang nicht wirklich beantwortet habe.

PS Willst du sagen, dass dir die Arbeit vorher nicht gefallen hat?

MG Ihr Werk hat mich seit einiger Zeit irritiert.

TD Ich verfolge ihre Arbeit seit langem und den Texten nach zu urteilen, die ich über sie gelesen habe, scheint das Schreiben darüber extrem schwierig, weil man beim Versuch sie zu beschreiben immer irgendwie falsch liegt. Vielleicht ist es so schwierig, weil die Arbeit zugleich neu und alt aussieht. Ihre Arbeiten sehen nicht aus, als ob sie die Malerei neu erfinden würden, aber in gewisser Weise sind sie eine Neuerfindung von Malerei.

**MG** Der bemalte Abguss, den ich gestern gesehen habe, befand sich an der Wand eines Klassenzimmers der alten jüdischen Mädchenschule. Ich glaube, der untere Teil der Wand war mit Ziegel-Tapete tapeziert, und der obere Teil war weiß gestrichen. Die Künstlerin hatte ihre Arbeit genau an der Linie platziert, wo Tapete und weiß gestrichene Wand sich treffen. Diese Platzierung der Arbeit an der Grenze von Realität und Bild, alt und neu, korrespondiert auf interessante Art mit der Beziehung von alt und neu in ihrer malerischen Sprache. Ich glaube, es war Abts Entscheidung, ihre Arbeit an diesem spezifischen Ort zu installieren, die mich beeindruckt hat.

**JH** Das bringt die Frage auf, ob über Abts Arbeit aus der Sicht von Geometrischer Abstraktion aus geschrieben werden sollte, oder von der von ihr etablierten eigenständigen Position.

**AS** Beim Betrachten von Abts Arbeit werden jedoch Erinnerungen an Geometrische Abstraktion geweckt.

**JöH** Ein anderes Beispiel für künstlerische Intention versus Realität ist Erik van Lieshout. Ich hoffe, dass er nicht bald zu den Künstlern gehören wird, die sich zu dem wandeln, was sie untersuchen. Um herauszufinden, wie Menschen mit extremen Ansichten denken, wirft er sich buchstäblich in die heikelsten Situationen, und riskiert dabei verprügelt oder gar umgebracht zu werden.

**JH** Ich mag seine neueren Arbeiten nicht. Ich finde, dass sie nur wiederholen, was man sowieso weiß; dass es in jeder Kultur unangenehme Typen und Nazis gibt. Er zeigt uns nur diese Momentaufnahmen, diese collagierten Bilder von ihnen, so dass jeder sagt: „Ach, sind die nicht abstoßend", aber es gibt eigentlich keine Untersuchung ihres sozialen Kontexts oder davon, was jemanden dazu gemacht hat.

**TZ** Ich denke seine Stärke liegt darin, dass er nicht in die anthropologische Falle geht.

**JH** Ich glaube nicht, dass das die einzige Alternative wäre.

**JöH** Seine Arbeit kann auf zahlreichen Ebenen für ihr rassistisches oder neokolonialistisches Potential kritisiert werden. Aber ich finde, indem er sich selbst in diese Situationen begibt, veranschaulicht er etwas, das durch eine nüchterne Untersuchung möglicher Folgen nicht deutlich würde. In seinem Werk geht es um die Möglichkeit zu scheitern und zum Klischee zu werden. Ich finde es interessant, dass er diese Instabilität zwischen Analyse und Kritik einerseits und dummem Klischee andererseits zulässt.

**AS** Er bringt den Besucher zudem in eine Position, die erniedrigend sein kann. Er schafft diese verrückten und unangenehmen Betrachtersituationen, wo man dann etwa beim Anschauen des Filmes auf einer Art Kinderklo sitzt. Schon bevor der Film beginnt, ist man irritiert. Er bringt mich in Verlegenheit und darum finde ich seine Arbeit auch lustig. Es geht nicht nur um seine eigene Unfähigkeit, diese Situationen zu analysieren; er bringt den Betrachter auch zu diesem Ort, an dem man sich nicht ganz sicher ist, warum man lacht, oder was man eigentlich lustig findet.

**JöH** Ich würde gerne die Frage nach den sozialen Beziehungen von Kritikern aufbringen. Im Bezug auf Freundschaften frage ich mich, was es heisst, korrumpiert oder entfremdet zu sein.

**PS** Redest du jetzt von den Parties?

**JöH** Es ist eine der schwierigsten Situationen, über jemanden, den man mag, eine negative Besprechung zu schreiben.

**AS** Alles was ich weiß, habe ich, glaube ich, von Künstlern gelernt. Ich habe durch meine Beziehungen zu Künstlern und durch ihre Arbeiten gelernt, Kunst zu betrachten. Manche Künstler waren enge Freunde, und ich war immer sehr offen, was das betrifft. Ich finde, dass man sich nicht auf das Spiel einlassen soll, wenn man dieses Feld nicht mag. Dann sei eben nicht dabei. Ich bin dabei, weil ich diese Welt mag. Und ich habe meine Freundschaften offen gelegt, wenn ich in dieser Weise über Künstler geschrieben habe. Ich stehe dafür auch gerade; ich habe nur ein Leben, und kann mich von solchen Dingen nicht hindern lassen.

**MG** Ich würde allerdings nicht über jemanden schreiben, den ich persönlich mag, dessen Arbeit ich aber nicht leiden kann.

**JH** Wie passen Katalogbeiträge zum Thema?

**PS** Ich mag das Verhältnis oft nicht, das Katalogbeiträge herstellen. Es wird vorausgesetzt, dass man etwas Positives schreibt.

**TZ** Wenn man eingeladen wird, einen Katalogtext zu schreiben, wird man nicht als Kunstkritiker gefragt. Man wird als jemand gefragt, der das Handwerkszeug besitzt, über Kunst zu schreiben und sie zu kontextualisieren.

**PS** Ich will Katalogbeiträge nicht schlecht machen. Ich finde, dass die interessantesten Katalogbeiträge die sind, bei denen der Verfasser volle Freiheit hatte, auf das Werk so einzugehen wie er möchte. Zwischen dem Künstler und dem Autor kann durchaus ein respektvolles Verhältnis bestehen.

JH Das ist wichtig, denn es wird oft eine Hierarchie angenommen, derzufolge zuerst der Künstler kommt und dann der Autor; das ist sehr irritierend.

JöH Vor allem in den 1970ern und 1980ern schien man davon auszugehen, dass Kritiker eine Art gebildete Aristokratie sind, deren Rolle die eines ...

PS Übersetzers war?

JöH Ja, insofern, als die Künstler die interessanten Primitiven sind, die ihr Zeug machen. In der akademischen Welt ging es im Sinne der frühen Anthropologie nur darum, zu sagen: „Seht her, ich bin derjenige, der euch wirklich erklärt, dass diese Primitiven dort draußen in der Welt eigentlich etwas Interessantes machen." Und bis zu einem gewissen Grad erfüllen wir diese Rolle in Bezug auf Kunst. Wir sagen: „Sieh her, du glaubst vielleicht nicht, dass das Kunst ist, aber es ist Kunst."

TZ Meinst du das als Klischee?

JöH Ja, natürlich!

TZ Die Frage: „Ist dies Kunst oder nicht" wird jetzt eigentlich vom Daily Telegraph behandelt; wir erwähnen das gar nicht mehr.

JöH Ich weiß nicht, ob das stimmt. Wir fragen nicht: Rikrit [Tiravanija] kocht, ist das Kunst? Auch wenn wir dies nicht diskutieren, haben wir dennoch Einschlusskriterien. Man denke nur an Arthur Dantos Diskussion darüber, was die jeweiligen Parameter von Kunst konstituiert. Ist es die Institution oder der Kritiker oder der Künstler?

TD In den 1970er Jahren waren Kritiker einflussreicher als heute, weil sich mit der sich verändernden Rolle der Kuratoren die Situation gewandelt hat. Ich erinnere mich, dass damals Kitsch eine Kategorie war, die Geringschätzung bedeutete. Wenn man jedoch heute jemandem in L.A. etwas als Kitsch beschreibt, sagen die „Ja, genau". So wie auch Städte und Länder kurzfristig in sind. Es gibt eine unglaubliche Machtkonzentration in den Händen von sehr wenigen, und manche Kritiker sind der Ansicht, dass die heutige Situation Greenberg partizipatorisch aussehen lässt: geradezu demokratisch im Vergleich. Jetzt geht es viel autokratischer zu.

PS Sprichst du über schlechtes Kuratieren?

TD Auch innerhalb der Kritik.

PS Ich denke, dass es wichtig ist, über so etwas wie das Verhältnis von Kurator und Künstler zur Galerie zu sprechen.

JöH Stimmt. Ein grosser Teil unserer Aufgabe ist nicht nur zu betrachten, was Künstler produzieren, sondern auch wie ihre Werke gezeigt und kontextualisiert werden. Und ich denke, dass wir hier unter anderem die Frage erwägen müssen, ob eine Ausstellung von der Tatsache, dass der Kurator einer Galerie sehr nahe steht, kompromittiert wird.

TZ Ich finde, jeder sollte kurz erwähnen, wie er zur Kunstkritik gekommen ist. Jennifer?

JH Ich habe lange als Künstlerin gearbeitet und war mit einem Stipendium aus Australien in London. Ich war künstlerisch an einem schwierigen Punkt und fühlte mich verloren. Schreiben war für mich ein Weg, gründlich über Dinge nachzudenken. Ein Weg, die Panik durchzuarbeiten. Polly?

PS Ich habe Kunstgeschichte studiert und bin ausserdem auf die Kunsthochschule gegangen. Ich habe ein Gehirn, das zugleich reflexiv funktioniert und an Produktion interessiert ist, und so hängen mein Schreiben und meine kuratorische Praxis zusammen.

JH Thomas, warum bist du kein Kritiker geworden?

TD Mein Bruder, Christian Demand, schreibt. Er hat sogar ein Buch über den Niedergang der Kunstkritik in den letzten 150 Jahren verfasst. Ich hatte nie vor zu schreiben. Als Künstler bleibt man auf gewisse Art emotional an sein Werk gebunden, das sich hoffentlich erfolgreich in der Welt etabliert. In dieser Hinsicht besteht ein Unterschied zwischen Künstlern und Kritikern, die – außer sie sind selbst auch Künstler – diese Erfahrung zwangsläufig nicht teilen.

PS Ich bin mir nicht sicher über die Hierarchie zwischen Künstler und Nicht-Künstler, die hier impliziert wird. Als Kuratorin stehe ich, als Teil der Produktion, die kritisiert wird, eigentlich oft auf der Seite der Künstler und nicht der Kritiker.

JH Mark, wie bist du zum Schreiben gekommen?

MG Ich habe einen Doktor in Kunstgeschichte gemacht, und das Verfassen von Kritiken hat sich dann ergeben.

AS Worüber hast du deine Doktorarbeit geschrieben?

MS Es ging um Holocaust-Erinnerung und abstrakte Kunst. Ich wollte meine Reaktionen auf Werke, die ich mag, artikulieren lernen und das auch innerhalb des mich prägenden kunsthistorischen Kanons tun. Ich hatte einen besonderen Respekt für bestimmte kunsthistorische Positionen, und ich wollte Künstler, über die ich schreiben wollte, innerhalb dieser Traditionen betrachten. Adrian?

AS Ich ging auf die Kunsthochschule und zog nach meinem Abschluss nach London, wo einige Bekannte von mir, die ein bisschen Teilzeit unterrichteten, eine Kunstzeitschrift gründeten. Ich hielt das für eine gute Art, Leute zu treffen und nicht einsam zu ein. Die Zeitschrift war Artscribe, und es war 1976. Das Heft kostete 20 Pence. Ich half beim falten. Es war nicht einmal geklammert.<

# lesebuch

ACA
ART CRITICS AWARD


## Impressum

Das ACA-Lesebuch erscheint anlässlich des Art Critics Award (ACA), erster österreichischer Preis für Kunstkritik, vergeben von Kunstwerft und basis wien.

Konzeption
Lioba Reddeker, basis wien - Kunst, Information und Archiv
Fünfhausgasse 5, 1150 Wien
T +43 1 5226795, office@basis-wien.at; http://www.basis-wien.

## Dank an

Gerald Bast / Edek Bartz / Christian Demand / Berthold Ecker / Ines Gebetsroither / Jörg Heiser / Claudia Jolles / Michael Koller / Mitglieder der Kunstwerft / Martin Prinzhorn / Nina Schedlmayer / Gabriele Schor / Raimar Stange und das Art Critics Orchestra / Martin Wagner vom fluc / Werner Rodlauer / Rita Vitorelli / Andrea Winklbauer

HANGART-7
AIR & ART

ACA
ART CRITICS AWARD

# Der Preis

Idee und Konzept

Moussa Kone

Organisation und Durchführung

basis wien und Kunstwerft

Die Jury für den Preis 2007

Thomas Baumann (A)
Matthias Herrmann (A)
Anna Jermolaewa (A)
Constanze Ruhm (A)
Markus Schwander (CH)
Andrea van der Straeten (A)
Silke Wagner (D)

Magazin-Partnerschaften

für den Junior Art Critics Award:
springerin, spike, Kunst-Bulletin, artmagazine.cc

Der Art Critics Award wurde 2007 gefördert
von der Stadt Wien und
der Universität für Angewandte Kunst, Wien.

Postadresse

basis wien
Kennwort Art Critics Award
Fünfhausgasse 5
A-1150 WIEN
office@artcriticsaward.con
www.artcriticsaward.com

WIEN KULTUR di:'angewandte

ACA
ART CRITICS AWARD

# Das Lesebuch


Herausgeberin
Lioba Reddeker

Redaktion
Sonja Gruber, Lioba Reddeker,
Barbara Rüdiger, Erwin Uhrmann

Übersetzungen
Roberta Gradl, Segolen Koschu, Müller & Schröder, New York

Grafische Gestaltung und Produktion
Sylvia Burian

Coverabbildung:
Moussa Kone, Tusche auf Papier, 2007

Druck
Rema Print, Wien

Fotos
Für die Kapitelanfänge wurden Elemente von Fotos und Grafik
aus frieze No.100 verwendet, © frieze, die FotografInnen
Grafik S. 108 © E.O. Plauen:
„Die schönsten Geschichten von Vater und Sohn"

www.basis-wien.at
www.kunstwerft.at

ISBN 978-3-9502252-1-1

Printed in Austria




basis wien

KUNST WERFT

- Ende -